働くコンパスを手に入れる

田中翼

〈仕事旅行社〉式・
職業体験のススメ

晶文社

装丁　杉山健太郎

目次

はじめに

今、〈仕事迷子〉が増えています。

「何年働いても仕事に自信が持てない」

「今の仕事が自分に向いているのか分からない」

「キャリアの将来が見通せなくて不安」

大学を卒業して会社に就職して、4、5年働いてみたものの、そうしたネガティブな心理から抜け出せず、どんなふうに働けばいいのか分からなくなってしまった人たちです。

僕は、そんな〈仕事迷子〉たちに向けて、社会人のための職業体験という〈旅〉を提供する「仕事旅行社」を運営しています。

旅の受け入れ先（ホスト）は、花屋、カフェ店員、編集者、革小物職人、ネイリスト、バーテンダー、絵本作家、旅行家、神主など、業界も業種も様々で、約170種類にわたります。

参加者は、その道のプロフェッショナルであるホストの仕事の一部を手伝わせてもらうばかりでなく、ホストから様々な話を聞きます。ホストが今までどんな仕事をして、どんな人生を送ってきたか、何が得意で何が苦手か、仕事を通してどのような社会をつくり上げたいか――そのような話を通じて、ホストの仕事観やキャリア意識を知ってもらいます。

2011年に仕事旅行社を立ち上げてから、20代後半から30代前半の会社員を中心に、のべ3万人以上が参加してくれました。

参加者からは、

「自分の仕事ではやらないことを体験して、見識を広げることができた」

「プロの人と話ができる機会はとても貴重。自分に何が足りないかがよく分かった」
「働くって、もっと自由に考えていい、ということに気がついた」
など、スキルアップのための研修や楽しいアクティビティ重視のワークショップとは一味違った学びが得られる場所として好評をいただいています。

本書を手に取って下さったみなさんも、仕事や働き方に対する悩みを抱えている〈仕事迷子〉ではないかと思います。今回は、ぜひ仕事旅行とは何かを知ってもらい、実際に旅を誌上体験していただこうと、11人の仕事人たちに話を聞いてきました。

ここで語られるのは、成功談ばかりではありません。起業や独立など、一見華々しく活躍しているように見える仕事人たちですが、誰もが一朝一夕で今のキャリアを築いたわけではありません。自分のやりたいことに思い悩み、試行錯誤を繰り返し、自分が進むべき道を少しずつ修正しながら、今に至っています。

そんな彼らのもとを訪問する旅から得られる学びを通じて、みなさんが改めて仕事とは何かを考え、自分のキャリアを自分でつくるための「コンパス（指針）」を見つけていただければ幸いです。

本書では、僕がみなさんのツアーガイドです。

さあ、一緒に仕事旅行に出かけましょう。

第1章

オリエンテーション

——仕事旅行ってなんだ？

「旅する」ように「職業体験」してほしい

突然ですが、旅の素晴らしいところって、なんでしょうか。

答えは人それぞれだと思いますが、僕にとっては、見知らぬ土地へ行って、これまで知らなかった異文化に直接触れ、様々な発見をすることです。

フランスの作家、マルセル・プルーストにも「本当の旅の発見は新しい風景を見ることではなく、新しい目を持つことにある」という名言があります。様々な発見をして、多角的な視点で物事を見られるようになることが、その後の人生を豊かにします。

そんな旅のように、みなさんに見知らぬ職場でたくさんの出会いを楽しんでもらいたい。

そこで得た学びを、自分の仕事やこれからの働き方に活かしてもらいたい。

そう思ったことが、僕が「仕事旅行社」という会社を起業して、社会人向けの職業体験という〈旅〉を提供するサービスを始めたきっかけでした。

それまで、職場を訪問する機会というと、就活中の学生のための会社訪問などが中心でした。しかも、縁故が必要であったり、就職が前提であったりなど、どこでも自由に訪問できたわけではありません。ましてや社会人が「異業種の仕事のやり方を学びたい」「仕事の雰囲気を体験してみたい」「自分のやりたい仕事を見つけたい」「憧れの職業のプロに会ってみたい」といった気持ちで、他の業界や業種の現場に足を踏み入れるのは難しいものでした。

500人を超える仕事人との出会い

仕事旅行社では、できるだけその垣根を取っ払い、社会人がいろんな種類の職場を気軽に訪問し、仕事を体験できるようにしています。現在、提供している旅は170種類以上にのぼります。製造業からサービス業まで様々な業種や業界が含まれています。

- 「ものづくり」……革小物職人、ヴァイオリン職人、製本家など
- 「自分磨き・スキルアップ」……結婚相談所のカウンセラー、ネイリスト、映像翻訳家など
- 「デザイン・クリエイティブ」……花屋、図案家、ゲームクリエイターなど
- 「開業・起業・経営」……珈琲焙煎工房、民間図書館館長、旅行代理店経営者など
- 「商品企画・プロデュース」……雑貨店店員、ブックセレクター、地域PRプランナ

・「接客」……ソムリエ、バーテンダー、ペンションオーナーなど
・「コミュニティづくり」……コミュニティカフェ、
ゲストハウスやシェアハウスオーナーなど
・「ＰＲ・ブランディング」……ファンドレイザー、イメージコンサルタント、
質問カードコンサルタントなど
ーなど

神主や漆塗り職人など日本の伝統を継承する仕事もあれば、精神保健福祉士や通訳案内士など資格取得が必要となる専門的な仕事、イメージコンサルタントやご当地キャラプロデューサーなど現代ならではの仕事もあります。

職業名だけでは、どんな旅行になるのか想像もつかない仕事もあるので、ツアー名には、職業の紹介や体験の内容を盛り込むようにしています。現在募集中の旅行先の一部を本書の最後に表掲載しています。そちらもご参照ください。

仕事旅行を始めた当初、旅行先は、美容師、整体師、花屋のわずか3カ所でした。それが、参加者が増えていく過程で、面白い仕事をしている人を探しては直接会いに行くこと

を繰り返しているうちに、ここまでの数になってきました。過去にホストを務めていただいた方々も含め、ゆうに500人を超える仕事人たちと会って話を聞いてきました。

今でも僕は、「この人は！」と思える人に会えば、「旅行先になってもらえませんか」と声をかけます。世の中には、僕たちが知らない面白い仕事人がまだたくさんいる。新しい仕事もどんどん生まれている。みなさんに知ってもらいたい仕事は尽きることがありません。

人気の旅から分かる参加者の動機

体験先はどんどん増えていますが、仕事旅行のスタートから9年で、旅の人気の傾向は見えてきています。人気がある旅には、大きく3つのパターンがあります。

まず、探偵、占い師、神主など、非日常でエンターテインメント性が強い仕事です。

参加動機を尋ねるアンケートでは、上位から「自分に合った働き方を模索中」（40％）、「知的好奇心」（40％）、「転職の参考のため」（20％）と続くのですが、非日常な仕事を選ぶ理由は「知的好奇心」といえるでしょう。その職業を聞いたことはあるけれど、実際に何をしているかよく分からないという、未知の世界に好奇心がくすぐられる人が多いのだと思います。

次は、現在の仕事に関連している仕事です。

例えば、ファシリテーター、コーチング、各種プランナーやカウンセラー、コンサルタントなどです。参加することでスキルを学び、今の仕事に役立てたいという願望からだと思われます。今の仕事をベースにしながらも、ステップアップしていきたいと前向きに行動している人が参加しているのが分かります。

最後に、開業できそうな仕事です。

花屋や雑貨屋、お菓子屋、カフェ、喫茶店経営など。やはり独立や起業を目指す会社員は多く、根強い人気があります。いわゆる脱サラして新しくスタートしたいという思いはあるけれど「いきなり起業しても失敗するかもしれない」「自分にもできるのか」と心配する人たちが、情報収集や下準備にきています。

のべ3万人が参加してきた仕事旅行の内容とは?

仕事旅行社では、参加者から「旅行代金」(参加費)をいただいて、これまでに挙げてきたような仕事を「旅行」(体験)していただきます。

その旅行の内容は、主に次のような構成となっています。

1. ホストの仕事観やキャリア意識について話を聞く
2. プロの仕事を見学させてもらう
3. 仕事に挑戦する

参加者が自分の仕事の合間をぬって参加できるように、多くの体験は週末や平日夜に日帰りできるコースになっています。例えば、革小物工房で職人さんの話を聞きながらパスケースを製作したり、結婚相談所のカウンセリング方法を学んで、参加者同士で相談を行ったりするのです。

京都で陶芸家になる、倉敷のゲストハウスのオーナーになるなど、旅行先は全国各地にわたっていますが、僕たちがガイドとして同行することはなく、現地集合、現地解散で、気軽に足を運んでもらうようになっています。

旅の構成のうちで重要なのは、実際の仕事の体験だけでなく、ホストと様々な話をすること。ホストの仕事観やキャリア意識により深く触れ、自分自身の働き方を見直すための学びにつなげてもらうことを狙いとしています。

仕事旅行でしか学べない仕事の「軸」と「幅」

インターンシップや研修、ワークショップと何が違うのかという質問をよく受けますが、僕は、学校や会社、各種研修では得られない「仕事旅行ならではの学び」があると考えています。それは次のようなことです。

（1）プロフェッショナルの仕事観や仕事術に触れることで視野を広げ、自分らしい働き方の「軸」を定めること。

（2）仕事体験を通じて、ある仕事を支える基礎的な能力を学び、できることの「幅」を広げること。

あらゆる仕事は、「軸」と「幅」で成り立っています。

軸とは、「自分は〇〇がしたい」「△△のようになりたい」という仕事観やキャリア意識です。

幅とは、「自分は××ができる」という、社会人としての基礎的な力のことです。

この軸と幅は、仕事でやりがいを感じるための〈土台〉や〈基盤〉のようなもの。パソ

キャリアを支える「軸」と「幅」

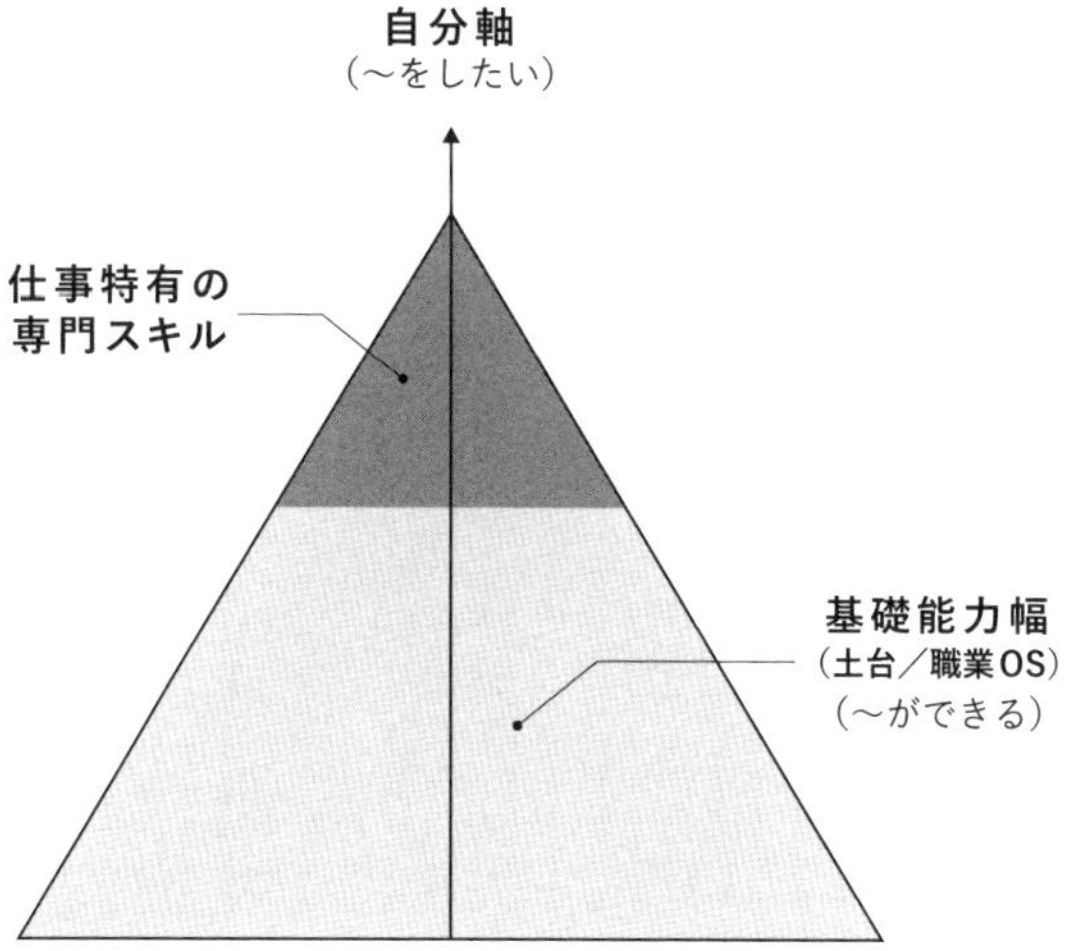

仕事旅行＝「したい」と「できる」のバランスを学ぶ

コンで言うなら、ソフトやアプリを動かすOSに当たる部分です。

軸と幅はすべての仕事に必要な基礎なのですが、ここがしっかり出来上がった状態で社会人になる人はそれほど多いわけではありません。

本書の冒頭で述べたように、20代後半から30代前半の多くの社会人が、「何年働いても仕事に自信が持てない」「今の仕事が自分に向いているのか分からない」というネガティブな心理から抜け出せない〈仕事迷子〉になってしまう要因は、その土台のもろさにあるのではないかと思います。

けれど、会社という場所では、仕事のためのスキルを学ぶ数々の研修こそ実施しても、〈仕事迷子〉からの脱却方法は教えてくれません。働くための土台（OS）は完成しているという前提で、会社は動いているからです。

だから、そのOS整備をサポートする〈体験型カリキュラム〉である仕事旅行では、様々な職業体験に参加することで、この土台の存在に気づき、社会で長く充実した仕事を続けるための礎をしっかり築いてもらいたいと思っています。

「越境学習」としての仕事旅行

なぜ仕事旅行でOS整備ができるのでしょうか。それは、仕事旅行ならではの学びには、「越境学習」と「経験学習」という2つの側面があるからです。

「越境学習」からご説明しましょう。

「越境学習」とは、自分の職場以外の場所に学びの場を求めることを言います。

例えば、「花屋」の仕事旅行に参加したとします。1日の旅の中で、参加者は花屋の仕事の一部を手伝わせてもらうだけでなく、ホストから様々な話を聞くことになります。その人が「花屋を志した理由」や「好きなこと、得意なこと、苦手なこと」「仕事において大切にしていること」といった仕事観に触れることになります。

そうした話を聞くうちに、そのホストの仕事や働き方の根っこにあるキャリア意識、つまり「軸」が見えてきます。他人の「軸」を知ることは、自分の視野を広げることにつながります。「世の中にはこんな考え方で仕事をしている人もいるんだ！」という刺激を受けられます。

しかし、それよりも重要なのは、他人の軸と比較することで自分の軸を認識するという「相対化」です。「こういう仕事の方向性は自分も向いているな」とか、あるいはその逆で「自分にはできそうもない」でもかまいません。比較して相対化することによって、自分の「軸」に気づきやすくなります。それぞれの旅で感じたことを振り返る時間を設けているのは、そのためです。

難しく考えることはありません。例えば「美しいものへの関心が強い人」や「自分でお店を運営したい人」は、花屋としての「軸」があるということにおのずと気づかされる、というようなことです。結果として、キャリアへの意識が高まり、自分が進むべき方向を見つけやすくなるのです。

社会人になってしまうと、日々の仕事に追われて、そうやって自分軸を発見する、あるいは客観視して軌道修正する機会がなかなか得られないものです。「越境学習」である仕事旅行は、その機会を提供することができます。

「経験学習」としての仕事旅行

しかし「軸」があるだけでは、それがどれだけ明確な強いものであっても、自分らしいキャリアを切り拓くことはできません。自分の好きなこと、できそうなことが分かっても、ただ「やりたい」気持ちだけでできるほど世の中甘くはないのです。当然のことながら、やりたい仕事に見合った「スキル」や「能力」が必要です。いくら花が好きでも、商品を管理したり、魅力的に並べて見せたり、接客したりする心得がないと花屋になることは難しいでしょう。

つまり、ある仕事で必要とされる専門スキルの前提となる、基本的な能力が「幅」ということになります。「キャパ（できることの範囲）」と言い換えると、よりイメージしやすいかもしれません。

「社会人基礎力」という言葉をご存じでしょうか。「職場や地域社会で多様な人々と仕事をしていくために必要な基礎力」として経済産業省が提唱しているものです。「主体性」「傾聴力」「ストレスコントロール力」といった、専門スキル以前の基本キャパシティを12分類したものですが、僕の考える「幅」というのもそれに近い考え方です。


〈経済産業省の12の社会人基礎力〉
- **主体性**
- **実行力**
- **課題発見力**
- **創造力**
- **発信力**
- **働きかけ力**

・規律性
・柔軟性
・傾聴力
・状況把握力
・計画力
・ストレスコントロール力

本来はどんな仕事に就く場合でも、すべての社会人基礎力をバランスよく身につけていることが理想です。基礎力はあらゆる仕事で求められるものだからです。

しかし、人には得意・不得意があり、「なんでも完璧にできる人」はそれほど多いわけではありません。基礎力に偏りが見られるのは当然のことですし、職種や職場に応じて重視される基礎力も異なります。伝統の職人仕事に向いている人も、イルカトレーナーには向いていないかもしれません。

「動物と接する仕事がしたい！　そのことで人を癒したい！」といった軸は、「相手の気持ちを読み取る能力（傾聴力）」や「周囲の状況に配慮して行動する能力（状況把握力）」といった幅と相まって、初めてイルカトレーナーの職場で活きるものになります。そこから生まれてくる達成感が、仕事のやりがいにつながるのです。

逆に「軸」と「幅」のミスマッチが生じると、人はどれだけ頑張っても仕事の上で達成感もやりがいも感じることが難しくなります。新卒でイメージや待遇のよい会社に就職したものの「仕事が面白くない」「会社が全然楽しくない」となってしまうのも、多くはこの状態を指すのでしょう。

仕事旅行では、キャリアの「軸」を明確にするだけでなく、ある仕事で重要なキャパを体験することで、自分ができることの「幅」に気づき、能力を少し広げるという「経験学習」ができます。

さきほどの花屋の例だと、仕事を体験することで、「思っていた以上に商品を上手にディスプレイできる自分」（計画力や創造力）、「お客さんの注文にきめ細やかに対応できる自分」（傾聴力や状況把握力、柔軟性）に気づくこともあるかもしれません。

逆に簡単だと思って取り組んだ作業が意外にできず、「こういうことが苦手なんだ！」と今後伸ばすべき基礎力に気づく、ということもあるでしょう。

実際に経験したことから学びを得る「経験学習」を経ていると、軸と幅のミスマッチが起きにくくなるのです。

やってみるから気づく「6つの仕事基礎力」

人から話を聞くだけでも気づきが得られる「キャリア意識（軸）」とは異なり、「仕事の基礎力（幅）」は頭で考えてどうなるものでもなく、やってみないことには得意・不得意さえ分かりません。

どれくらいのことならこなせて、どこを超えるとできないのか。自分らしく働くためには、体験を通じて自分の「幅（キャパ）」を知った上で、職種や業務に応じて、できることの範囲を広げていくことも大切です。実際の仕事の〝現場〟で幅広い社会人基礎力をテスト的にトレーニングできるのが、「経験学習」でもある仕事旅行の特色です。

もちろん、仕事旅行が提供する1日の職業体験では、特定の業務に必要な、高度な専門スキルを身につけることはできません。スキルを身につけたい場合は、その業務を行う会社に入ったり、長期間弟子入りしたり、専門の学校に通ったりする必要があります。

仕事旅行では、体験内容やホストの職種・業種、こだわり、仕事の上で大切にしていることに応じて、以下の「6つの基礎力」に触れられるよう旅をカテゴライズしています。経済産業省の「社会人基礎力」をふまえて、仕事旅行のカリキュラムにフィットする形でアレンジしました。（　）内には、該当する社会人基礎力を入れています。

〈仕事旅行で得られる6つのキャパシティ〉
（1）自分から動き、「好き」を形にするチカラ（主体性・実行力）
（2）しなやかに発想し、価値を生み出すチカラ（課題発見力・創造力）
（3）想いをシェアし、周囲に働きかけるチカラ（発信力・働きかけ力）
（4）伝統の知恵に学び、枠を超えていくチカラ（規律性・柔軟性）
（5）人の声に耳を傾け、人間関係を癒すチカラ（傾聴力・状況把握力）
（6）モチベーションを高め、長く続けるチカラ（計画力・ストレスコントロール力）

より確かな学びの実感を得たい方には、6つの基礎力カテゴリーをバランスよく、あるいは気になるカテゴリーを重点的に、複数（3～5カ所）の旅先をめぐることをお勧めしています。

いずれの際にも一番大切なのは、体験後に「振り返りと実践（実際の仕事あるいは次の仕事旅行での）」のサイクルを回すこと。それにより、いっそう学びの手応えを感じていただくことができます。

「日本語教師になる旅」に見る「軸」と「幅」の見つけ方

それではここで、「想いをシェアし、周囲に働きかけるチカラ」にカテゴライズしている「日本語教師になる旅」を例に、旅の流れや内容を詳しくご覧いただこうと思います。


外国人に日本語を教える「日本語教師」という仕事。

日本語学校で働くためには条件があります。法務省の基準では「日本語教育能力検定試験」合格者や、420時間以上の「日本語教師養成講座」（文化庁届出受理）を受講していること、大学で日本語教育を専攻し修了していることのいずれかを満たす必要があります（ただし、2020年以降の変更を検討中）。そのため、「日本語教師って面白そう」と思っても、社会人が勉強しながら挑戦するには難しそうだと二の足を踏んでしまう人も多いといいます。日本語教師とは、日本語の文法や語彙に対する正確な知識が求められる、難易度の高い仕事です。

しかし、日本語教師に必要なのは、日本語の知識や異文化への興味関心だけではありりません。外国人に日本語を教えるという仕事に求められることは、実はもっと幅広いのです。旅を通じてそのことを教えてくれるのは、「ＫＣＰ地球市民日本語学校」の高橋百合子さんです。

参加者は、午前9時30分に学校に集合。オリエンテーションを経て、午前中は高橋さんから仕事内容の説明を受け、指導案や教材、授業の進め方について学んだ後、実際の授業を見学します。

日本語学校に通う学生の年齢層や学ぶ動機は、本当に様々です。年齢層は10代から30代、動機は日本の大学への進学から日本でのビジネス展開までありますいずれも切実な動機なのだから、教える側は「早く上達させてあげたい」と真剣になります。

しかし、日本語教育の現場では、英語教育と比較すると特に中上級者向けの教材が充実しているとは言えず、ＫＣＰ地球市民日本語学校では、どのような内容なら学生が興味を持ちやすいか、どのような文章が学生の役に立つのかを検討して、独自の教材開発を行っています。さらに、年中行事なども積極的に取り入れて、授業を通して日本の風習や文化を伝えるようにしているそうです。動機が進学であれビジネスであれ、日本文化を理解していると、学生たちが日本社会に早くなじむことができるからです。

そうした交流を通じて、日本語学習以外のプライベートな相談に乗ることも少なくありません。高橋さんの学校でも、来日したばかりの学生には、行政機関での手続きから携帯電話の契約、住まい探しや引越しの手伝い、アルバイトの紹介まで、様々な世話をします。日本語の勉強は安定した生活があってこそ。生活が落ち着いてくると、今度は学生たちの学習の進度に合わせて、進路や目的に合った学習法などのアドバイスをして、必要であれば毎日のように補習を行います。

教師と学生の距離が近く、アットホームな雰囲気は、日本人向けの英会話教室とはまったく異なります。旅の参加者の多くは「語学学校のイメージを覆された」と驚きます。そうした言葉に対して、高橋さんは日本語教師の醍醐味を語ってくれました。

「プライベートの話を聞いて、思わず怒ったり、一緒に泣いたり。公私ともに付き合うのは大変だからこそ、学生たちも私たちのことを忘れないでいてくれる。進学した、両親が来日した、結婚して子どもができたなど、事あるごとに卒業生が遊びに来てくれるんです。そうした人間関係が生まれて、学生たちの人生に貢献できることは、大きな喜びです。

とある大企業の社員の方々が、仕事旅行に参加してくださったとき、『私たちの仕事は問題がないのが当たり前と捉えられているので、お客さんから特に感謝されることはありません』とおっしゃったことがあります。学生たちからいつも『ありがとう』と言われる日本語教師って、本当に幸せな仕事だなと思いました」

旅のスケジュール

9:30 仕事旅行開始

▼

オリエンテーション

＼ 仕事旅行スタートです ／

・自己紹介 ・職場案内、スタッフ紹介 ・体験の流れ、注意事項説明

▼

仕事の説明

＼ 高橋さんから仕事の説明を受けます ／

・日本語教師の仕事とは ・日本語の授業とは ・日本語教師になるには

▼

仕事の見学

＼ プロの仕事を通じて、以下を学びます ／

・指導案、教材、授業の進め方について

▼

ランチミーティング

＼ランチを食べながら高橋さんや学生たちを交えてゆっくりお話します／

・先生がこの仕事に就くまでの話 ・先生の仕事の考え方(醍醐味・こだわり)

・学生たちとの交流

＊お昼代は参加者負担

▼

仕事の体験

＼会話クラスに参加して学生たちとコミュニケーションをとります／

▼

旅のまとめ

＼ 最後に1日の感想を共有します ／

・仕事旅行の感想 ・質疑応答

▼

15：30 仕事旅行終了

学生も交えて一緒にランチをした後、午後からは、いよいよ仕事体験。参加者は、会話クラスで学生たちと日本語だけでコミュニケーションをとります。自分たちがふだん話している日本語をいったん忘れて、学生たちが学んだ初級の日本語だけで言いたいことを伝えなければいけませんが、これがなかなか難しい。日本人なら初対面の相手に対して自然に出てくる「どこからいらしたのですか」「〜と申します」などの敬語はNGです。そこからつまずく参加者もいます。それでも想像以上に日本語を使いこなす学生たちに驚いたり、日本語の文法の説明を求められて戸惑ったりしながら、外国人の方々との会話を楽しんでいきます。

高橋さんのような情熱的な教師と接していると、日本語教師には日本語や異文化への興味関心ばかりでなく、学生たちの視点に立って、自分がベストだと信じることを働きかけていく力が必要だと分かります。日本語教師への旅の参加者の半分程度は、次の仕事として「日本語教師」を現実的に選択肢に入れています。実際に体験してみて、日本語教師の大変さを痛感する人も多いものの、振り返りの場では、「自分がどれだけこの仕事につきたいのか」という「キャリア軸」、そのためには何を学ばなければいけないかという「キャパ幅」について、改めて考える参加者たちの姿が見られます。一方で、日本語学校の教師になるのではなく、ビジネスパーソン向けのプライベートレッスンで自身の仕事の経験も活かしたいとか、技能実習生をサポートする教師になろうとか、外国人との交流はボランティアの観光ガイドをやって楽しもう、などと結論づける人もいるでしょう。しかし、彼らもいつかその経験をもとに異文化交流のカフェをオープンするとか、外国人支援のNPO法人で働くとか、自分らしいキャリアをつくっていくかもしれません。

このように、仕事旅行では、軸と幅がミスマッチのまま悩む時間を減らし、自分らしい仕事と働き方により早く近づくことができるのです。

今の時代に、なぜ「仕事旅行」が必要なのか？

結局、仕事旅行とは何かというと、「自己啓発以上・スキル未満の短期学習」と言うことができるかもしれません。自己啓発やスキルに重きをおいた学びを提供するサービスはたくさんありますから、あまりないスタイルの学習サービスだと自負しています。

だから僕たちは、この学びのメソッドを「仕事旅行式」と呼ぶことにしました。社会人になったのちも新しく学び続ける必要があるとされる時代に、「短期」で大きな刺激や気づきを得られる「仕事旅行式」は、新しい社会人学習のメソッドであると考えています。

勤め始めてから頻繁にスクールに通ったり、留学したりするのはハードルが高く、この変化の激しい時代においては、学んだこともすぐ陳腐化してしまうからです。

さらに仕事旅行では、自分の「キャリア軸」と「キャパ幅」への気づきを得て、ホストや他の参加者とともに振り返り（内省）を行い、気づきをみずから実践することで、「自分らしく働くための土台（OS）を整えていく」ことができるのです。


次章からは、旅の誌上体験へと進みます。いよいよバラエティに富んだ職業のホストが登場します。さきほどの6つのチカラのカテゴリーごとに紹介していきますが、最初から順番にでも、興味のある職業や職種、触れられるチカラからでも、どこから読んでいただいてもかまいません。現在、仕事旅行の受け入れを休止しているホストも含まれますが、ぜひ紹介したく本書にご登場いただいた、選りすぐりの仕事人たちです。

ホストに取材するにあたって、仕事を始める前にどんなふうに育ち、どんな学生時代を過ごしたかなども尋ねるようにしました。そのほうが、彼らがどんな過程を経て今に至ったのかを具体的にイメージしてもらいやすいと考えたからです。

ホストの様々な仕事観やキャリア意識に触れて、みなさんの「軸」と「幅」について考えていただけましたら幸いです。

第2章

11人の「キャリア軸」に触れる旅

（1）自分から動き、「好き」を形にするチカラ

仕事と暮らしをフラットに並べる

地域プロデューサー
原大祐

はら だいすけ
北海道室蘭市生まれ。小学校高学年から中学生まで神奈川県平塚市で育ち、大磯町の高校へ進学。東京での大学生活、設計事務所勤務を経て、2007年に大磯へ移住。「大磯農園（僕らの酒プロジェクト）」「めしや大磯港」「大磯市（港のマーケット）」など数々の地域活動に関わり、成功に導いてきた。神奈川県住宅供給公社の団地共生プロデューサーとして団地再生にも従事している。現在は、NPO法人「西湘をあそぶ会」代表理事、Co.Lab 代表取締役、湘南定置水産加工代表取締役、関内イノベーションイニシアティブ取締役を務める。

© Taisuke Yokoyama

最初にご登場いただくのは、僕の地元でもある神奈川県・大磯町を拠点に、様々な地域活動を手がける原大祐さんです。ここでは、原さんの肩書は仮に「地域プロデューサー」としておきます。というのも、ご本人は肩書を持たない主義だから。酒造り、漁港の食堂やマーケット立ち上げから団地再生、コワーキングスペース運営まで、地域のために多岐にわたるプロジェクトを手がける原さんの「キャリア軸」を探り、その仕事を深掘りしていきましょう。

＊＊＊

仕事と暮らし、地域が一直線に並ぶ生き方を目指す

結果を出している人ほどモチベーションが明確かつ具体的なものですが、原さんも例外ではありません。「仕事へのモチベーションはなんですか」と尋ねたところ、すぐに「山の上での別荘暮らしをつくり上げること」という答えが返ってきました。

地域での活動に力を入れているというと、「地域のため」「社会のため」という人が多いのではないかと思っていたのですが、原さんはきっぱりと自分の生活のためだと口にした

のです。

原さんの言う「山の上での別荘暮らし」とは、大磯町の小高い山の上の閑静な住宅に暮らすこと。地域で採れた新鮮な野菜や魚が食卓に並ぶこと。できる限り自分で育てたものを口にすること。会社勤めのために時間をかけて都心に出ていくのではなく、家族と過ごす時間をしっかりと持てる暮らしのことです。

原さんが手がけてきた事業は、耕作が放棄されている土地をみんなで管理する「大磯農園」、漁港を利用したマルシェ「大磯市《いち》」、地元の魚を提供する「めしや大磯港」など多岐にわたりますが、「山の上での別荘暮らし」を実現するためだと考えると、すべての仕事の関係性に一本の筋が通っています。

「暮らしと地域、そして仕事を一直線に並べるのが、僕にとっての人生の要件です。この土地で、こういう生活をしたいという思いがあって、その実現に必要なこと、その接点になりそうなことだけをやっているんです」

僕たちの大半は、それぞれに理想の生活のイメージを持ちつつも、それはそれ、仕事は仕事と、いわゆるオンとオフを分けて生きています。ところが、原さんにとって、仕事と生活とはそういうものではありません。自分が仕事をすればするだけ、自らの理想とする生活が目に見えるかたちで実現していく――それこそが彼の「キャリア軸」なのです。

就職することで芽生えた「働き方」への疑問

それでは、そんなキャリア軸を持つ原さんの仕事の様子を覗いてみましょう。

原さんがそこまで惚れ込み、現在、暮らしている大磯町は、明治時代には財閥の資産家たちが別荘地として贔屓《ひいき》にしていたという、人口3万人ほどの閑静な町です。都心まで1時間強で出ていくことができるので、都内で働く会社員にも人気があります。ゆったりとした雰囲気を好んで、ここにアトリエをかまえ、制作の拠点としているアーティストもたくさんいます。

原さんは隣町の平塚市で幼少期を過ごし、地元の中学を卒業して、大磯の高校に進学しました。友達と海岸まで釣りに出かけたり、当時は大企業の寮になっていた別荘の建物が立ち並ぶ町並みを散策したりと、すっかり大磯の魅力にはまる日々。大学に進学しても足が遠のくことはなく、友達と遊ぶとなると、車を出して大磯近郊を案内して廻りました。大磯町は、原さんにとって第二の地元ともいうべき町となっていったのです。

大学卒業を前に、原さんは「自分はこれから何がしたいのだろう」と、最近心が動いた瞬間を考えてみました。

「三井邸（三井財閥の別荘のひとつだった旧三井守之助邸）が取り壊されるということ」

「大磯の町並みが変わったこと」

――出てきたのは、原風景として大切にしてきた大磯町が変わり始めているという事実でした。原さんが大学時代を過ごした時期は、ちょうど不景気のまっただ中。古き良き別荘の建物は次々と閉鎖され、取り壊されるものも少なくありませんでした。

なんとかできないのだろうか――そう思っていた原さんは、ある設計事務所が手がける団地再生のインターンシップを知り、大磯町の団地ではなかったものの、参加してみることにしたのです。そして、インターンシップの延長から、その設計事務所に就職しました。

当時は、物件リノベーションで有名な「ブルースタジオ」や「イデーアールプロジェクト」などが台頭し始め、物件再生が脚光を浴びていた時期でした。原さんが入所した事務所でも、物件リノベーションに加えて、団地再生などのコンサルティングを行っていました。しかし働いてしばらくすると、業界の事情がなんとなく見えてきます。

日本全体の人口が減少し、住宅需要は首都圏を除くと減少傾向にある。雇用がなくなっている地方では、そもそもの住宅需要が少ない。つまり地方都市ではリノベーションをしても商売にならない。郊外である大磯町の活性化に興味を持ち、そのための知識や経験を積もうとしていた原さんは、どうやら一般的なリノベーションだけでは大磯の再生には限界があると感じるようになりました。

同時に、都心の人気の街での建売住宅に関わったことをきっかけに、自分の生き方に対する疑問を抱くようにもなりました。

駅近の30坪くらいの土地に、3階建の家をつくる。1階に風呂トイレと寝室、2階にキッチンとリビング、3階に子供部屋という、当時の王道パターンの建物で、売価は約1億2600万円。購入を促すために、入り口には大理石を使って見映えをよくし、畳数をアピールするため、リビングダイニングをひとつにする。開口部を広くして、明るい雰囲気を醸し出す。しかし、建物の密集する都心だと、もし隣に家が建てばおそらくカーテンを閉めてしまうわけで、そういった意匠にお金をかけても、結局、意味をなさないこともよくあります。

さらに、購入者が組む一般的な住宅ローンだと、1億2600万円の家の場合、35年ローンで毎月平均30万円程度を返済に充てることになります。住宅購入時の平均年齢は33歳ですが、木造家屋の建て替え平均は27年なので、60歳になったときにちょうど建て替えの時期がきます。退職金を建て替えに充てることが多く、極論を言ってしまうと人生は家とのバーターとなります。

もし都心ではなく郊外に家を買うなら、日当たりのいい家がその半分くらいの金額で買えます。都心に勤めていても、浮いたお金でグリーン車に座って通勤することだってできるかもしれない。

そこで、原さんは気づいたのです。

「働き方や生き方って、正解がひとつあるわけじゃない。いろいろあるんだな」

とにかく何かを始めようと二拠点生活をスタート

年齢的に30歳が見えてきた2007年に、「このままだと、理想を口で言うだけの、実績のない夢想型ダメ人間になってしまう。とにかく何かを始めよう」と考えた原さんは、都内と大磯の二拠点生活を開始しました。平日は都内のマンションから設計事務所に通いつつ、週末は大磯で過ごすという生活です。直売所で新鮮な野菜を買い、漁港で新鮮な魚を手に入れる。都市部では得られなかった充実感がありました。

また、もともとお茶が好きだった原さんは、「お茶の会」という団体にも参加しました。耕作が放棄されている茶畑をみんなで管理し、お茶をつくります。収穫の時期にはひとり6キロのお茶を摘み、近くの製茶工場へ持ち込むと、1・2キロものお茶を手にすることができました。

「自分で摘んだお茶を楽しめるって、なんだか豊かじゃないですか」

いよいよ、原さんは自分が求める生活像を明確に抱くようになりました。

使われない土地を利用する「僕らの酒プロジェクト」から「大磯農園」へ

原さんが最初に手がけたのは、「僕らの酒プロジェクト」でした。このときはあくまでプライベートの延長で、都内の設計事務所での仕事も続けながらの小さなステップでした。「僕が目指す理想の生活に、農業は欠かせない」と、原さんは日頃から思うようになっていたのですが、農業従事者ではないので、農地を借りることができません。

しかも、大磯は農業地にはあまり向いていないことも分かっていました。農業という一次産業だけでは生計が成り立たないから、担い手がいないのです。それなら、これまでのやり方ではなく、もっと別のやり方があるのではないか。例えば、「田舎暮らしをしたい」という人々のニーズを背景にして再生と利用の可能性を探り、会員ビジネスなどの三次産業としてやっていけばいいのでは——。

そこで原さんは、茶畑と同様に、「行政が仲介して耕作放棄地をみんなで管理する」という方法に注目し、農家が持つ耕作放棄地を複数名で管理することにしました。知り合いを頼りに農家の協力者を見つけ、山間にある小さな畑を確保しました。具体的な活動としては、自分たちで育てた酒米を使って酒を造ること。わずか数名の農家仲間との雑談から生まれたアイデアをもとにした「僕らの酒プロジェクト」の発足でした。

「僕はお酒が飲めないんですけど、自分の手でつくったお米でお酒を造るって、ロマンですよね」

自分の描く理想の生活の要素のひとつだと思えたら、下戸だろうが素人だろうが酒造りにも手を出すところが、さすが信念と行動力のある原さんです。週末に田植えから米を育てて、収穫後の酒造りまでを一緒に楽しんでくれるプロジェクトメンバーを、ネットやクチコミで募集したところ、100名近くが集まりました。そして、同じ神奈川県内の大井町にさらに2反の休耕田を借り、農家の仲間が農業指導をする形でスタートを切りました。

メンバーの中には、酒造りの経験者は誰もいませんでした。酒造りに適した米は、一般米より大粒で「酒米」と呼ばれ、育て方のノウハウも異なります。背が高く稲穂が倒れやすい酒米は、一般米に比べて栽培が難しいのです。

また、酒を造る工程に欠かせない、米の表面を削る「精米」の問題もありました。心白と呼ばれる米の中心部を使うことで雑味のない酒を造ることができるのですが、精米業者は小ロットでは請け負ってくれません。自家精米だと、どうしても精米度合が低くなり、雑味が出てしまう可能性があります。最近では、低精白の酒も人気があるようですが、その品質管理は非常に難しく安定しません。常識的に考えれば、素人に手が出せるものではありませんでした。それでも想いに任せ、なんとか精米まではこぎつけました。

ところが、それを地元の酒蔵に持ち込んで醸造を頼むも、なかなか相手にしてもらえません。どうにか頭を下げて、ようやく4合瓶（720ミリリットル）600本分の酒が出来上がりました。完成したときには、みんなで集まって乾杯して、田んぼでの楽しかった思い出を語り合ったそうです。

その後、このプロジェクトの維持のために、酒の販売による収益化を試みましたが、十分な販路が確保できない、大量に出てしまった酒粕の処分もできない、と問題は山積みでした。けれど、「とにかくなんでもやってみよう、踏み出すことが大事」の一心で、ひとつひとつ課題を乗り越えながら、原さんたちは年々ノウハウを積み上げていきました。

そうして、このプロジェクトで得た知見をもとに、畑オーナーが持つみかん、大豆、小麦の畑を同様の形でプロジェクト化。数年後には、「僕らの酒プロジェクト」を含めた「大磯農園」という形で管理は一本化され、今も継続しています。

漁港でのボランティアから誘われて「めしや大磯港」を立ち上げ

大磯農園の次に原さんが取り組んだのは、漁港の食堂の立ち上げでした。もともと新鮮な魚が好きで、月1回開かれる漁港の朝市に通っていた原さんですが、漁船に乗せてもらえる楽しさにつられてボランティアにも参加するうち、漁師さんや漁業協同組合の方々とも雑談する関係ができていきました。

雑談の中で、「僕らの酒プロジェクト」で出た酒粕の処理に困っていると原さんが言うと、獲れすぎた魚を粕漬などの商品にしようというアイデアが出てきました。組合長が「町で管理する魚の加工施設を貸してほしい」と町長に話を持ちかけてくれたのですが、残念ながら、その話は進みませんでした。ところが、町長から漁港に食堂をつくる手伝いをしてくれないかという逆提案を受けることになったのです。

昔からアイデアはあったものの、町としては、どこかから具体的な計画が出てくるのを待っている状態だったそうです。一方、漁港を運営する漁師たちによる大磯漁協には、町が主導でやってほしいという気持ちがあり、そのまま十数年放置されていました。

原さんは町長の話を聞いているうちに、気がつけば県外事例の視察に同行することになっていました。その後、「じゃあ、原くん、資料をまとめて」と言われ、いつの間にか漁協、観光協会や商工会で構成される港の食堂をつくるプロジェクトのひとりとして巻き込まれていきました。そうして半年後には、「めしや大磯港」ができていたのです。

大磯町を巻き込んだ一大プロジェクト「大磯市」

「めしや大磯港」は、テレビ局も飛びついて毎日すごい行列になりました。ただ、原さんは油断しませんでした。「こういったブームは一時的なものに過ぎない」。継続的に港に人が来る仕組みにするためには、どうすべきか。

大磯町は、大きく分けると西側は農業、東側は漁業を中心とした一次産業の町です。とはいえ、一次産業は全体として衰退傾向。漁業は日によっては魚が獲れず、朝市が開催できないこともあります。そういうときに市場で野菜を売ることができれば、魚が足りなくても漁港で朝市を開催できます。漁港で野菜を販売するシステムが整えば、結果的に港（水産資源）を中心とした拠点が出来上がります。こうした考えのもと、「めしや大磯港」のプロジェクトメンバーがそのまま市の実行委員会に加わり、港のマルシェ「大磯市」を実施することになりました。

現在も開催される「大磯市」には、町内外から数千人が集います。新鮮な魚介類や野菜だけでなく、工芸品や雑貨の販売、地域の飲食店の屋台出店なども行われるようになった大磯港での市場を中心に、町内各地の店舗やギャラリー、個人宅でのイベントやワークショップなどが連携して、町全体がお祭りのようになります。商業、漁業、農業の衰退を防ぐばかりでなく、チャレンジしたいという若い人たちを呼び込み、さらにはテレビ取材も入るなど、大磯のファンが増えるきっかけとなっています。

事業の核は会社員時代に培った「サブリース」という仕組み

こうして原さんの経歴を聞いていると、理想の生活に向けて行動をしていたら雪だるま式に話が大きくなっていった、というふうにも受け取れます。実際にそうだったとしても、生活のためにお金を稼ぐということは無視できないはずですが、原さんはきっぱりと言います。

「どれだけ収益が見込めても、自分が理想とする環境に近づかない仕事には手を出したくない。自分が興味あることをやっているだけなので、最初はお金なんて意識していなかったんです。もらえたとしても、ほとんどが単発の企画代ぐらい。今では自治体や企業から地域再生に関わる仕事が安定して入るようになりましたが、大磯町での活動を始めた当初の数年は、収入面ではかなり厳しかったです」

そこで、安定収益を確保するために始めた事業が、コワーキングスペース「ＯＩＳＯ１６６８」でした。３階建ての元歯科医院という古い建物を自ら改修し、１階は保育園、２階はコワーキングスペースとして貸し出し、３階にはカフェを設置しています。

実は、これは原さんが手がける事業の重要なビジネスモデルです。傍から見ると分かりにくいのですが、「遊休施設を借りて、付加価値をつけて他の人に利用してもらう」という、サブリース（転貸）です。

「大磯農園」の農地、「大磯市」の漁港の空き時間を活用した土地なども、同じ仕組みになっています。このビジネスモデルを地域再生の現場で活かしていけるのは、設計事務所での勤務経験による「キャパ幅」があってこそ。原さんの場合は、社会人として培った力を使いながら、自分のキャリアをつくっていったのだと思います。

夢は大磯町で「仲間とぷらぷら暮らしていきたい」

明確なキャリア軸を持って、「大磯農園（僕らの酒プロジェクト）」「めしや大磯港」「大磯市」と、自らの「山の上での別荘暮らし」に向けた事業を順調に手がけているように見える原さんに、次に目指すものを尋ねてみました。

「自分だけ別荘暮らしが実現しても、一緒にぷらぷらする人がいないと寂しいよね」

意識しているのは、他にも同じような生活を続ける仲間を増やすことだといいます。まわりを見渡すと、同世代以上で時間を自由に使える事業者は多くありません。40歳にもなると、家庭ができて守るべきものが増え、それまで自由に生きてきた事業者も会社員として再就職するなど、現実的な生活を選び始めてしまいます。

「もっと同世代が自由に働いて食べていけるように、これからは大磯市に出店する小規模事業者のチャレンジを応援していきたい」

個々の事業者の魅力を伝えるために、セレクトショップの運営やウェブ新聞を始めました。これらすべてが仲間づくりのための策だというのが、いかにも別荘暮らしを目指す原さんらしい行動です。

もちろん原さんの視線は、市場だけでなく大磯町全体にも向けられています。神奈川県は中央部を流れる相模川を境に、大磯町を含む西側は人口が減っています。

「大磯町が衰退したら、理想の生活が実現できないから」

そう言う原さんの頭の中は解決策のアイデアで溢れているようです。大磯の重要な資源である海を用いて、一次産業を中心に新たな事業をつくっていきたいと、これからも原さんの挑戦は続きます。

（1）自分から動き、「好き」を形にするチカラ

組織にいながら「ワクワクすること」だけをやる

大手メーカー勤務

磯村幸太

いそむら こうた

1987年、愛知県瀬戸市に生まれる。一橋大学商学部を経て、大手メーカーに入社。国内営業や生産管理に携わったのち、入社8年目となる現在は社内コンサル部門に所属し、ファシリテーターとしてビジネスプロセス改革の支援を行っている。その他に個人のキャリアカウンセリングや企業のファシリテーションを軸に個人事業主としての活動をしながら、NPO法人「二枚目の名刺」ではサポートプロジェクト・デザイナーをつとめる。これらの仕事と並行して、2017年4月からは慶應義塾大学大学院システムデザイン・マネジメント研究科で「越境学習」をテーマに研究を続けている。

自分らしい仕事や働き方というと、好きなことで起業や独立をしている人をイメージするかもしれませんが、大企業にいながら自由に好きなことだけをして働いている人がいます。まだ30歳をわずかに超えた年齢にもかかわらず、日系の老舗大企業に勤めながら、大学院に通い、個人事業主やNPO法人として活動している磯村幸太さんです。昨今パラレルキャリアや複業をする人が増えてきてはいるものの、IT系やクリエイティブ畑の仕事に携わっている人が多い印象なので、磯村さんがどのようなキャリア軸とキャパ幅で、4足の草鞋を履く今の働き方を実現したのかに迫っていきたいと思います。

＊＊＊

マルチタスクをこなすだけの少年が「ワクワクすることだけやる」という決心を固める

「子どもの頃からマルチタスクが得意だったんですよ」と言う磯村さんは、祖母が経営する服飾・洋裁の専修学校で教師を務める両親の次男として生まれました。

磯村さんは、「自分が子どもの頃にたくさん習いごとがしたかった」という母親の教育方針のもと、幼稚園の頃には、月曜は習字、火曜は水泳、水曜は英語など、週に7日、毎日違う習いごとに通わされていたそうです。そのおかげで物事をたくさんこなせるようになりましたが、「自分が楽しいからやる」という思考回路を持つことがなく、何をやってもそんなに楽しくはなかったそうです。

習いごとのひとつだったラグビーは中学・高校でも続けました。ところが、愛知県選抜選手にまでなったにもかかわらず、当時はラグビーが好きにはなれませんでした（今ではすっかり好きになり、経験できたことを感謝しているそうです）。むしろ「ラグビーだけで評価されたくない」という意地があって、勉強を頑張っていました。

なんとなく流されるまま好きでもないことを続けていた磯村さんですが、高校3年生のときに好きな女の子ができたことで全てが変わります。彼女のことをあまりにも好きになってしまって、ラグビーも勉強も手につかなくなってしまいました。

結局、3度の告白に全敗し、その恋は終わってしまうのですが、これまでバランスを取り過ぎてきたことに気づいた磯村さんは「大学からはワクワクすることだけをやろう」と決心。そして、自分の生まれ育った土地以外の世界を見たいという思いから、町の雰囲気が気に入った東京・国立の一橋大学に進学しました。

サークルにアルバイト、世界一周旅行……やりたいことだけやって得たこと

大学時代は、ジャズサークル、フリーペーパー制作、バーでアルバイトと、興味のあることになんでも挑戦しました。

その挑戦の最高峰が、世界一周旅行でした。親友と盛り上がって「同時に逆まわりでスタートして、半周地点で再会する」というアイデアを思いついたものの、相手は準備が間に合わずに断念。磯村さんだけが大学を1年休学し、ひとりで世界を旅しました（親友も1年後に世界一周を遂げ、一緒に展覧会を開いたそうです）。

様々な国を訪れる中で、目の当たりにしたのは、世界をけん引する経済の威力と、その経済がテクノロジーの制約の中でまわっている現実でした。そして、どこに行っても、日本のテクノロジーは存在感が大きく、日本の企業はめざましい活躍をしていました。

旅行を終えた磯村さんは、世界一周を達成した充実感を抱きながらも、「日本人である自分が、世界の役に立つためには何ができるのだろうか」と考えるようになりました。そうした経験から、就職活動は、「グローバル」「テクノロジー」「自分自身で挑戦できること」の3つの軸で行いました。

第一志望だったのは、現在勤務しているメーカー。旅の途中、ユースホステルで内定者の日本人大学生から話を聞いており、自分が求める3つの要素を持っている企業だと感じたからでした。

興味を持った仕事を自己アピールで奪取して成果を挙げたことも

無事に入社した後は、まず海外で生産した製品の国内営業や生産管理の仕事に携わりました。印象に残っているのは、入社2年目に手掛けた在庫管理のプロジェクトです。会社の主力製品の在庫をグローバルに可視化して、在庫圧縮を促すシステムと業務プロセスの開発・導入・横展開をするものでした。

上司が先輩に頼んでいるのを聞いて、磯村さんは「楽しそう！　自分の仕事だ！」と確信。自ら必要なデータを調べて資料を作成して上司に送りつけているうちに、上司も根負けしたのか「分かったから、磯村がやれ」ということになったのだそうです。

在庫を可視化して分析する仕組みをつくることで、結果的に何十億円もの在庫を圧縮し、資産効率のアップにつながりました。磯村さんは、この功績により社長表彰を受けることとなりました。そして、この仕事をきっかけに、自分の中でも情報を整理して仕組みをつくることへの関心が高まり、様々なプロジェクトに取り組むようになっていきました。

その後、5年ほど経った頃に、社内コンサル部門への異動を願い出て、現在の仕事に就きます。主に、社内コンサルやファシリテーターとして、国内外事業の業務改革、組織活性化、社内外の協創活動を支援する仕事です。

ここまでの磯村さんの企業でのキャリアを聞くと、とても順調に思えます。なぜパラレルキャリアや複業に興味を持つようになったのか疑問です。

キャリアのポートフォリオから「開業」を決心する

その疑問を投げかけると、磯村さんは「きっかけは、2017年の正月に実家で、ベストセラーになっていたビジネス書『ライフ・シフト　100年時代の人生戦略』を紹介するテレビ番組を観たことです」と答えてくれました。

人間の寿命が100歳に近づき、「仕事人生も60年」と言われるようになってきたため、定年以降の働き方も考えなければいけないという主旨の番組でした。こういった情報を得て、今後どうするべきか考えた磯村さんは、自分のキャリアのポートフォリオをつくってみることにしました。仕事の内容や時間に加えて、自分のキャリアにおける主な位置づけなどを書き出していったのです。

「その結果、『よし、会社をつくろう』と思ったんです。具体的にやりたい事業があったわけではないのですが、まずキャリアをポートフォリオとして管理できる箱が欲しかったんです。社会で求められる仕事が次々と変化する一方で、ひとつひとつの仕事のスキルや経験を積むためには多くの時間が必要です。そんな環境で、今後50～60年間もワクワクすることで役に立ちつづけるために、組織の枠に縛られずに様々な仕事を同時に育てながら回していく仕組みが必要だと考えました」

磯村さんはすぐに行動を起こしました。副業の操業レベルを状況に応じて柔軟にコントロールできるよう、最小の固定費で回せる仕組みを検討した結果、会社ではなく個人事業主にしようと決めました。仕事始めだった1月4日に上司に副業の許可を取り、5日には税務署に開業届を出しました。

「僕が勤めているような老舗の大手メーカーだと、兼業農家など実家を手伝う場合に兼業を許可する制度が古くからあります。僕の場合も、建前上、実家の専修学校を手伝うという理由を挙げたところ、上司が理解してくれました」

開業時は、個人のキャリアビジョンを整理するカウンセリングに加えて、実家の専修学校の経営補助も行っていました。ただ、キャリアのポートフォリオ化のために開業した磯村さんは、知人の依頼や紹介からの仕事が中心で、自ら営業して仕事をどんどん受けるつもりはありませんでした。とはいえ、この開業をきっかけに、このあとの磯村さんのキャリアは、次々とパラレルに拓かれていきます。

社外での学びを会社へフィードバックする

個人事業主としての開業後、磯村さんは、慶應義塾大学大学院システムデザイン・マネジメント研究科に入学しました。研究テーマは、パラレルキャリアを支援するための「越境学習」。これは、働く人が普段の職場と異なる環境に飛び込んで学び、学びを職場に持ち帰る、ということです。日本でも旬と言えるテーマに取り組んだ研究は、国際学会でもベストペーパー賞を受賞し、海外の論文誌に掲載されました。

ファシリテーションについて学んだのも大学院でした。２０１８年9月には国際ファシリテーション協会（International Association of Facilitation）の認定するプロフェッショナルファシリテーター（グローバルで６００人、日本では20数名程度）を取得しました。

その後、２０１９年3月、学位記の受領代表として同大学院の修士課程を修了した磯村さんは、越境学習の研究を続けるために研究員となりました。

さらに、会社員、個人事業主の活動、研究を進めながら、同年10月にはNPO法人「二枚目の名刺」の活動もスタートしています。ソーシャルイノベーションに関わる人脈を増やしたい、NPO法人の名刺を持つことで活動の幅を広げたいと思っていた磯村さんが、以前から興味を抱いていたNPO法人「二枚目の名刺」に直接アプローチしたところ、サポートプロジェクト・デザイナーとして活動をすることになったそうです。社外でも活躍したい社会人と課題を持っているNPOをマッチングして、短期の共同プロジェクトを行う活動のコーディネートをしています。


会社員でありながら、どんどん社外での活動を広げている磯村さんですが、職場では、今でもパラレルキャリアや複業をしている社員はそれほど多くないといいます。磯村さんの活動は会社にどのような影響を与えているのでしょうか。

「もっとも大きいのは、社外で得た人脈や知識を社内にフィードバックできることだと思います。例えば、社内で行うべきセミナーやイベントに大学院でできた人脈を持ってくることができます。

また、人脈だけでなく、思考法やファシリテーションのスキルなども実際の業務で活かしています。まずは僕がその方法論やスキルを使ってみせて、社内でも有用だということになったら、みんなで実践します」

磯村さんが研究している「越境学習」を、まさに自分で実践している形です。社外での学びを会社員としての仕事にうまく活用する流れが可視化されているため、上司や同僚も磯村さんのことを受け入れやすいのだろうと感じました。

その過程では、うまくいかないことも多かったに違いありません。とりあえず好きなことをやってみて、実績をつくり、少しずつ調整しながら、「会社員でありながら、ワクワクすることだけを仕事にする」状況を粘り強くつくり上げていったのでしょう。そんな磯村さんは、まさに「自分から動き、『好き』を形にするチカラ」を最大限に発揮している見本とも言えます。

互いの役割間で補完して全体のパフォーマンスが上がる仕組み

さらに驚くべきことに、磯村さんは現在、5つめの仕事を始めているそうです。数カ月後に妻の実家である愛媛県八幡浜市と東京との二拠点生活をスタートさせるにあたって、

磯村さんの仕事のポートフォリオ

役割	内容	時間	位置づけ
会社員	社内コンサル、 経営企画、 ファシリテーター	50%	**・実績と信頼をつくる**
NPO	プロジェクト コーディネーター、 リサーチャー	20%	**・人脈をつくる ・社会課題に取り組む 機会をつくる**
個人事業主	ファシリテーター、 コンサル	15%	**・他の名刺ではできない、 やりたいことをやる 機会をつくる**
大学研究員	リサーチャー	10%	**・知識やスキルを身につける ・新しいことを研究する**
地域活性	コミュニティ マネージャー、 ファシリテーター	5%	**・地域課題に取り組む 機会をつくる ・多拠点生活の土台をつくる**

※2019年9月時点

愛媛でも仕事をしながら、愛媛と東京間でのシナジー（相乗効果）を起こしていきたいと、コミュニティマネージャーとして活動しているのです。八幡浜市に愛着を持つ多様な分野の人たちを集めて、コミュニティを立ち上げ、街を元気にする市民協働アクションを生み出すプラットフォームにする。そのためのイベントのファシリテーション、ウェブメディアやSNSでの情報発信を行います。

5つの仕事をどのように管理しているのか、磯村さんに現在の仕事のポートフォリオをつくってもらいました（前ページ）。

複数の役割間で機会・人脈・スキル・知識・実績などが互いに補完しあって、それぞれの役割のパフォーマンスが上がっているそうです。これからは、組織に所属していてもフリーでも変わらず、物事を実現していくために、こうした考え方は重要になるでしょう。

そんな磯村さんのキャリア軸は、何度も出てきている通り、自分がワクワクすることや好きなことで人の役に立っていきたいという思いです。その実現のために、会社でも新しいプロジェクトに自ら挑戦したり、起業したり、大学院に入ったり、NPO法人の活動に参加したりなどして、自分のキャパ幅を広げる勉強や修業には努力を惜しみません。

「好きこそものの上手なれというコトワザ通り、自分の好きなことは他の人よりもやる気も興味もあって詳しくなるので、他の人の役に立つことができると思っています。僕の場合は、その〈好きなこと〉はファシリテーションと仕組みづくり、そして挑戦すること。僕だけじゃなくて、みんながワクワクすることを仕事にして、互いの役に立って全体が成り立つような組織や社会にしていきたいと思います」

会社以外の仕事もうまくいっており、二拠点生活を始めると会社の比重は減っていくと思いますが、これからは会社との付き合い方はどのように考えているのでしょうか。

「今の会社は好きですし、二拠点生活にあたってリモートワークに理解を示してくれた上司や同僚には感謝しているので、退職することはあまり考えていません。いつか管理職になったり部署異動や転勤したりで、今やっている好きなこと、やりたいことができなくなったら考え直すかもしれません。そういう意味でも、ワクワクすることだけをやっていくという点は貫きたい。一般的には大手に勤めていると、会社が社員のキャリアをつくりますが、僕は違う。会社員であっても、キャリアは自分でつくっていきます」

（1）自分から動き、「好き」を形にするチカラ

自由を伝道する「旅行家」という仕事

旅行家
藤原かんいち

ふじわら かんいち
1961年岩手県生まれ。お茶の水デザイン学院卒業後、デザイン事務所に就職するが、夢を叶えるため1年後に退職、日本一周を実現。その後、原付バイクでのオーストラリア大陸一周や世界5大陸制覇、電動バイクでの世界一周などを達成。また、「旅行家」として、「旅先からホームページを毎日更新1アクセス1円日本一周」「原付バイクで国道を走らずに日本縦断」「巨木を訪ねて日本縦断&世界一周」など、独自のアイデアを盛り込んだ旅を行う。10万円で日本一周をした旅行記『原チャリ野郎のハラペコ日本一周』（日本交通公社出版事業局）の出版、東京や岩手での写真展なども手がける。48歳から原付バイクで国道全制覇に挑み、53歳で終了。

J

藤原かんいちさんは、スポンサーやサポーターをつけた旅をする、プロの「旅行家」です。旅行の仕事というと、ツアーコンダクターやトラベルライター、カメラマンなどを思い浮かべますが、彼はそのどれでもありません。藤原さんが旅行家として旅したのは、原付バイクでのオーストラリア大陸一周や世界5大陸制覇、夫婦で電動バイクに乗って世界一周など90カ国以上、海外・国内を旅した期間は4000日以上に及びます。藤原さんがどのような過程を経て旅行家になったのか、旅行を仕事にする上で大事にしていることは何かを聞きながら、彼の「キャリア軸」に迫ります。

＊＊＊

旅で見つけた自分の居場所、満たされた承認欲求

藤原さんは岩手県に生まれ、父親が大工の棟梁をしている家庭で育ちました。当時の大工の棟梁は、今風に言えば「ノマドワーカー」。父親は仕事道具をひっさげ、日本各地の現場に赴き仕事をしていました。父親に同行して旅することも多く、知らない風景を見た

り、知らない人に会ったりすることにワクワクしたのが、藤原さんの原体験になっているそうです。

「小さい頃は、何をやるのもノロマでした」

幼稚園で折り紙をしていると、谷折り、その次は山折りと進んでいるうちに、ひとりだけ置いていかれてしまうこともありました。折り紙は途中で分からなくなったらもう終わり。みんなはきれいに仕上げているのに、自分の折り紙はぐちゃぐちゃ。「自分は何かちょっと人と違う」と劣等感を持っていました。

小学校に入っても、勉強は苦手で、スポーツも人並み。何をしても1位にはなれないことが自分で分かっていました。ところが自転車を手に入れると、まるで水を得た魚のように、藤原さんは小銭をポケットに毎日のように知らない土地へ出かけるようになりました。「行った先で駄菓子屋に入ると、近所では見かけないアイスクリームがあったりする。友達は誰も食べたことがないだろうとか思いながらそれを食べて、帰ったら自慢するんです。知らない場所で知らない体験をするのが好きでした」

学年が上がるにつれ、さらに遠方に出かけるようになりました。中学校に入ると、ツーリング用の本格的な自転車を買ってもらって、神奈川から伊豆半島一周に出かけました。とにかく遠くに行きたいと考えて、友達とふたりで泊まりがけの旅に出かけたのです。

途中で出会うトラックの運転手たちが珍しがって、「どっから来たんだ」「すげえな」「これでジュース買いな」とお小遣いをくれました。藤原さんにとっては、誰かから認めてもらえているようで、嬉しくてたまらなかったそうです。

サラリーマン生活の中で湧き上がってきた旅への思い

ひとり息子の藤原さんは、父親のあとを継がなければならないと、高校の建築科に入学しました。ですが、大工になるのは気が進まず、絵を描くのが好きだったことからデザインの学校へと進み、都内にある広告制作を行うデザイン事務所に就職しました。

デザイン事務所での仕事は、デザインは実際のところ1割程度で、印刷の手配や制作物の納品などの作業が中心でした。本当にこの仕事をやっていきたいのだろうかと漠然と考えることもありましたが、仕事をこなせばちゃんとお金が入ってくる状況に甘んじる日々を送っていました。

しかし、金銭的な余裕が出てくると、藤原さんの中で「日本一周に出かけたい」という想いが湧き上がって来たのです。旅が好きとはいえ、なぜ突然、日本一周という発想が出てきたかというと、「中学生の頃から、荘司としおの『サイクル野郎』という漫画に憧れていたから」。普通の少年たちがトラブルに遭いながらも自転車で日本一周する旅行記であり、成長物語です。自分が漫画の主人公と同じように日本一周に出かけたら、どんな経験ができるのだろうか――藤原さんの中では日本一周への想いが募っていきました。

日本一周旅行で出会った「旅人」から教えられたこと

夢を断ち切れず会社を辞めて、初めての日本一周旅行に出かけた藤原さん。北海道では、ホテルに泊まるお金を節約するために、テントを持ってキャンプ場を巡りました。とあるキャンプ場で、異様に整ったテントがいくつか張ってあり、なんだろうと眺めていると、長靴と作業着の人たちが「ただいまー」と帰ってきました。キャンプ場から農作業にバイトに出かける人たちのものでした。彼らのほとんどがバイクで日本一周しながら、資金が尽きるとキャンプ場に滞在し、近所で日銭を稼ぐ仕事をしていたのです。

「衝撃的でしたね。旅というのは、貯金を使って行くものだと思っていたから。こういう旅の形もあるんだと目からウロコでした」

彼らに話を聞くと、冬は寒いから沖縄で過ごし、夏は涼しいから北海道で過ごすという自由な生活を送っていました。中には妻子は家に置いたまま、行ったり来たりしているという人までいたのです。

「そんなふらふらした生き方をしてもいいのか」

これまでの藤原さんの人生には、そんな暮らしをしている人はいませんでした。素直に彼らの生き方を受けいれることはできませんでしたが、一緒にご飯をつくったり、酒を飲んだりするのはとにかく楽しかったそうです。

そこでは、身なりのきれいな、金ぴかのバイクに乗った中年男性にも会いました。話をしていると、大企業に属する社会的地位のある人だということが分かってきました。長期滞在するおじさんたちとは真逆の人種。両方と交流する中で、藤原さんが惹かれたのは、社会と距離を置いて長期滞在をしながら暮らす人たちのほうでした。

「生き方って、みんなが言っているような基準だけじゃない。いろんな生き方があっていい。かっこいいかどうかは別として、こんな生き方もありなんじゃないか」

いい学校に入って、いい会社に勤めて、結婚して、子どもをつくって、60歳前後でリタイアして、老後は裕福に暮らす。誰から教わったわけでもありませんが、藤原さんは、そのときまでそれが一番幸せなことだと思い込んでいました。ところが、長期滞在の人たちと過ごしたことで、生き方や幸せの形にはもっといろいろあるのではないかということに気づき始めたのです。

仕事は、次の夢のための資金づくりの場所にすぎなかった

日本一周を終えて、再び別のデザイン会社に入社したものの、藤原さんの頭の中は「今度は世界旅行へ」という強い想いに占められていました。いつのまにか仕事は、次の夢への資金づくりの場所に変わっていたのです。

「デザインは面白かったけど、自分にとって大切なのは〝旅〟でした」

ここから藤原さんは、働き方も生き方も、旅の方向へ大きく舵を切っていきます。まず計画したのは、半年間のオーストラリア旅行。360度広がる地平線が見られるという話を聞いてから、ぜひ見てみたいと思っていました。そのときの藤原さんは英語が話せないばかりか、海外旅行の経験もなし。しかも半年間もの旅行なんて、会社はもちろん辞めないといけない。「定年退職してから好きなことをやれ」「履歴書に傷がつくぞ」――まわりは当然のように反対しました。特に職人一筋で生きてきた父親は強く反対しました。

ところが、元来へそ曲がりなところがある藤原さんは、まわりが反対すればするほど、尚更やってやろうという気持ちが盛り上がったのです。それに、先が読める確実な旅よりも、できるかどうか分からない旅のほうがワクワクするし、やりがいがある。この計画は、最終的に、誰も挑戦したことのない「原付バイクでのオーストラリア大陸一周&縦断」と

なりました。

「広い地平線に向かって1本の道が続いている。そこを1台のバイクが走っている。それがなんと原チャリで、『どんなやつが乗ってるんだ?』と思ったら、なんと自分なんです。そんな夢ばかり見ていました」

不安よりも、夢の実現ばかりが頭を占めていました。

「やらなかったら、一生後悔する」

もはや、旅に出ることに使命感すら感じるようになっていました。

旅が人生のすべて、他に多くを求めない

そうして実現したオーストラリア旅行から帰ってきても、会社は辞めたのだから、もちろん仕事の当てはない。貯蓄も大幅に減っています。さらに、当時付き合っていた彼女もいなくなっていました。しかし、藤原さんがそこで悲嘆にくれることはありませんでした。藤原さんの気持ちは、より大きな目標である世界一周計画へ向かっていたからです。

「この頃には、旅が人生のメインテーマになっていました。旅が自分のすべてになったから、それに全力を注ぐ。他には多くを求めない」

ただし、旅をするには資金が必要です。アルバイトで稼ぐよりも就職したほうが貯金もしやすいと考え、再び別のデザイン会社に就職し旅費を貯めました。2年後に旅行に出ると決めて、それまでは生活をとことん切り詰め、300万円を用意しました。

このときに藤原さんが考えたのは、世界5大陸制覇の旅。しかも日本で一番小さなエンジンのバイクで実現したい。しかし、一番小さいと思われる原付バイクのエンジンは耐性が弱く、結局、その次に小さい「ゴリラ」というバイクを旅の〝連れ〟に選びました。前後のキャリアに大量の荷物を詰め込むと、人と荷物で小さな車体は隠れてしまい、まるで荷物と人が走っているようでした。もちろん不安はありましたが、「これでやってやろうじゃないか」と藤原さんの意志は固かったそうです。

29歳からいよいよ始まった世界5大陸制覇の旅は、最初のアフリカ大陸から悪路走行に大苦戦。起伏の激しい道では小さなタイヤがひとつひとつの凸凹をひろってしまうため、車体の揺れが激しく、常に体が上下に激しくシェイクされて、内臓が口から飛び出しそうな状態が続きました。

一番のトラブルはエンジンがよく止まることでした。ヨーロッパで突然動かなくなったことがありました。そのときは同行していた婚約者が乗っていたバイクにロープを付けてゴリラを牽引し、修理屋へ行きました。さらには、ゴリラを盗まれて取り返すという災難まで降りかかりました。

困難続きの5大陸制覇の旅は、結果的にはバイクトラブルではなく体調不良に陥り、アフリカ、ヨーロッパ、北米まで来たところで、最後に予定していた南米大陸は断念。31歳のときに無念の帰国となりました。しかし、2台のゴリラを使い、トータルで6万5000キロを走破しました。旅の終了後に結婚。その後、36歳のときにスーパーカブ2台で南北アメリカ大陸を縦断、5大陸制覇を達成しました。

「旅」を「仕事」にして生きる「旅行家」の誕生

この旅がバイク雑誌に掲載されると、その後は週刊誌や新聞等にも藤原さんのことが取り上げられるようになりました。同時に二輪企業などから製品提供も少しずつ受けられるようになっていきました。

しかし、新しく旅をするための資金になるわけではありません。1年間の旅をするだけでも何百万円もの資金が必要で、それだけを貯金するためには、また数年間は働かなくてはいけません。働いている時間でさらに別の旅ができたら、もっと大きなことができるんだけどな……。会社にいる時間がもったいない。それならいっそのこと、旅を職業にできないだろうか？　例えば、資金をスポンサーから得て旅をするというスタイル。当時、登山家にそんな人がいたが、旅では聞いたことがない。無理なのか？　ダメでもともと、やるだけやってみよう！　――そんなふうにして藤原さんの未知なる挑戦、新たなる旅が始まりました。

２０００年、日本ではインターネットが広がりを見せていました。そこで日本一周の旅を続けながらその様子を各地からネット発信する「1アクセス1円の旅」を企画。さらにホームページへのアクセス数によって使える資金が制限されるルールを設定し、閲覧者が参加できる仕組みをつくりました。当時は、まさに誰もやったことがない旅へのチャレンジでした。

まずはこれまでの旅でつながりを持っていた二輪企業へ企画書を持ち込みました。ある程度の援助を確保すると、さらにネットを使って旅サポーターを募集（現在のクラウドファンディングのようなものでした）。すると嬉しいことにいくつかの会社が企画の応援を表明してくれました。それはスポンサーの資金だけで旅を実現させた瞬間でした。

もちろん最初から潤沢な資金が得られたわけではありませんが、旅とその結果の実績を積み上げることで少しずつ援助範囲は広がっていきました。最初は部品提供のみ、次は車両、そして資金援助……という感じでステップアップ。雑誌やウェブメディアから得る原稿料も大きくなっていきました。妻が手伝ってくれたこと、金銭的に補ってくれたことも多かったといいます。

2004年〜08年の電動バイク世界一周では、ヤマハ発動機やBDS、キヤノンなどがスポンサーにつきました。その活動を、日刊スポーツやビーパル、タンデムスタイル誌などの媒体を通じて発信。こうして藤原さんは旅行家という職業を確立させたのです。

旅行家とは「自由の伝道師」である

旅行家の成り立ちや収入の仕組みは分かってきましたが、困難な挑戦をする仕事だけに、その「キャリア軸」を知るには、なぜ藤原さんが挑戦を続けるかを知る必要があります。その理由を訊いてみると、意外な答えが返ってきました。

「何事も本気で願って、求めれば叶えられるということをみんなに伝えたい」

藤原さんから見ると、ほとんどの人はやりたいことを持ちつつも、周囲の声に惑わされて、実現することをあきらめてしまっているそうです。世界一周の旅やスポンサーの獲得においても、自分のやりたいことを貫き、形にしてきた成功体験をもとに「何事も実現できる」「もっとチャレンジしよう」と、多くの人に伝えていきたい——すべての活動の根底にあるというそんな思いは、まさに藤原さんの「キャリア軸」であると言えそうです。「冒険家」ではなく「旅行家」と名乗ることには、旅を仕事にして生きることは「誰にでもできること」だというメッセージが込められています。原付バイクや自転車で旅に出ることに、標高の高い山に登ったりするほど特別な能力やスキルは必要ない。ただ、「誰にでもできること」だけど「今まで誰もやっていなかったこと」を先陣切って実現しているという自負はある。そのことで誰かの背中を押したい。

「ひとは、自由に働き方や生き方を選ぶことができる。旅行家の究極の仕事は、そうした自由を伝道していくことだと思っています」

藤原さんの場合、「自分がやりたい」を実現するための「できること」が、最初から「できること」だったわけではありません。やりたいことをやる中で、「キャパ幅」を広げていったのです。

そして、今、藤原さんは「自由の伝道師」たる「旅行家」の面目躍如ともいうべきか、また新たな挑戦を始めています。

世界旅行が一段落すると、藤原さんは自分なりの地球儀が完成したように感じたそうです。そこで、今度は日本国内の旅を始めたところ、これまで日本で生活していたときには気にしたこともなかった自然の花や街並みが目を引きました。舗装路のひび、水たまりに広がる波紋など、ほんのちょっとしたものが美しかったのです。

「遠くに行かないと見られないものがあるわけじゃない。近くでも見ていなかったものが、こんなにたくさんある」

この美しさを残したいと考え、スマートフォンで写真を撮ることにはまっていきます。一眼レフではなく、スマートフォンで撮影するというのも、「誰にでもできること」を重視する藤原さんならではのこだわり。撮った写真はインスタグラムで発表しており、すでに61カ国の人がフォロワーになり、コメントをくれる人も多いといいます。

「写真を通じて世界の人とつながっていく。世界中の人が自分の写真を見て、イイネって言ってくれる。新たな世界を見つけられた感じがしています」

現在は、バイクや旅についての仕事が中心ですが、徐々に写真に軸足を移していきたいそうです。築き上げてきた生活の糧を減らしていくことに不安はないのでしょうか。

「自分の作品を極めれば、写真展を開いたり、本や写真集をつくったりという可能性もある。企業がその写真を使ってくれるようにもなるでしょう。まずは自分が納得するものをつくっていく、ということだと思います」

（2）しなやかに発想し、価値を生み出すチカラ

自分のスタイルをつくることが仕事

花屋エルスール

渡辺邦子

わたなべ くにこ

東京都中野区生まれ。小学校から高校まで静岡県三島市で育つ。東京の文化服装学院卒。東京で就活するも、親に反対されて断念し、地元のデパートに就職する。結婚して3人の子どもを出産するが、離婚。服飾業界で販売員として働くうちに、「自分らしさを色、形、器でもっと表現したい」と花の世界へ飛び込む決意をして、1990年10月10日、西荻窪に「エルスール」を開業する。以降、独特の世界観とこだわりを持つ花屋として、雑誌などでも頻繁に取り上げられ、ファンを増やし続けている。

白い木造の建物に絡まる緑のツタ。店頭には白と緑を基調とした淡い色の花々が並ぶ――。知る人ぞ知る西荻窪の人気花屋「エルスール」ほど、ごく自然に店主の世界観が表現されている店は見かけません。店内を覗いてみても同じく、真鍮の壁掛けや、白い一点ものの椅子など、細部にまでこだわっているのがひしひしと伝わってきます。ブランディングの一環として、雰囲気をつくり込んでいる店は数多くありますが、ここまで徹底的に世界観を表現するのは難しいものです。そこに込められた店主の想いから「キャリア軸」がひもとけるかもしれない。そんな思いつきから、エルスールの代表渡辺邦子さんに話を聞きに行きました。

＊＊＊

高校生の頃にデザインの力を見出される

渡辺さんは、1944年、東京都中野区に生まれました。

6人家族で4人兄弟の末っ子。長子とは10歳も離れていたため、姉や兄というよりも、みんな親のような環境で育ちました。おやつでもなんでも、最優先は渡辺さん。それが暗黙の了解のようになっていました。常に家族に優しくされていたので、良くも悪くも「世間知らず」になってしまった、と渡辺さんは苦笑いします。

「世の中には悪い人は誰もいない、これは今でも、そう思っています。とにかく性善説に立って物事を考えるんです」

その後、父親の仕事の関係で、静岡県で学生時代を過ごしました。高校生のときには、数々のデザイン・コンテストで入賞。その才能を認めてくれた家庭科の先生が母親に「デザイン関係の仕事に進ませるべきだ」と熱心に勧めてくれたそうです。

ところが、箱入り娘として育ててきた両親は、親元を離れての進学に難色を示しました。それでも、東京の姉夫婦の家から通うことを条件に、東京の文化服装学院への入学が認められ、家庭科の先生を目指す師範科というコースに進学。当時の文化服装学院は、高田賢三氏（KENZO）や山本耀司氏など、時代をリードするデザイナーを送り出す流行の発信地でした。

学校では先生に怒られてばかり、と渡辺さんは振り返ります。先生の指示通りにやるというのがどうしても苦手で、「自由なことをやらせると上手にできるのに、どうして型にはまったことができないの？」と、先生によく叱られていました。

両親から自由になるために結婚を選ぶが……

文化服装学院を卒業後は、学校で学んだ服飾の知識を活かそうと、人気デザイナーだった森英恵氏の会社に応募しました。運よく採用通知をもらうことができたにもかかわらず、母親から「あなたは働かなくていいのよ。三島に帰ってらっしゃい」と言われて、渡辺さんは三島に連れ戻されてしまったそうです。

本人としては、はいそうですか、とは気持ちは収まりません。そこで実家から通える範囲で、知識を活かすことのできる地元のデパートで働くことにしました。しかし、両親の厳しい管理のため、同僚が誘ってくれるダンスパーティーなどの楽しそうなイベントをすべて断り、まっすぐ家に帰らなくてはなりません。会社と自宅を往復する日々に息苦しさを感じ、会社からの帰路、満天の星を見上げながら、「いつか自由になりたい」と願っていました。

渡辺さんは、そんな過去について「母がそこまで私を庇《かば》うように育てたのは、赤ちゃんの頃の体験によるのだと思います。当時、東京はいつも空襲があって、家族みんなで防空壕に隠れていました。赤ちゃんが泣くと外に声が漏れるので、私が泣かないように母はいつも抱っこしてくれていたんです。だから母にとって、私という娘は常に『守るべき存在』だったのだろうと思います」と語ります。

母にも過保護になってしまう理由があった――今なら理解できますが、当時はそんなことは分かりません。この環境から抜け出そうと、渡辺さんがひねり出した策、それは結婚でした。

お付き合いしていた方と22歳の若さで早々に結婚を決め、相手の仕事の関係で東京へ引越し、3人の子宝にも恵まれました。一般的な感覚だと、結婚すると家庭に縛られ、自由がなくなると思われがちですが、渡辺さんは、やっと好きに生きられる、と考えたのです。自分の時間を使い、服飾の技術を活かして、子どもの洋服はもちろん、人形づくりや編み物、アクセサリーまで自分で彫金してつくるなど、もともと好きだったモノづくりを存分に楽しむ日々を過ごしました。

一方で、経済成長の最中、仕事中心にならざるをえない夫とすれ違いを感じるようになります。そして結局は離婚を決意しました。母親は大反対しましたが、渡辺さんは「私の人生なのよ」と初めて強く主張。度重なる話し合いを経て、ようやく渡辺さんの気持ちを理解してくれた母親とは、その後、彼女が亡くなるまで絆が続いたそうです。

離婚したとき、子ども3人はそれぞれ小学生、中学生、高校生でした。生活のために、そして生きる姿勢を子どもたちに見せるために、仕事をしなくてはなりません。そこで、友人の勧めから今でいう人材派遣会社を訪ねました。それがすべての始まりとなったのです。

天職ともいうべき仕事との出会い

担当者との話がスムーズに運び、伊勢丹のオーキッド（特選洋服売り場）で働くことになった渡辺さん。お客さんに媚を売らず、本当に似合うコーディネートを勧めたところ、その接客スタイルがお客さんの信頼を得て、仕事は順調に進みました。

ところが、もともとデザインに興味のあった渡辺さんは、すでに出来上がったものを売るだけでは徐々に物足りなさを感じ、欲求不満が溜まっていきます。しかし、競争の激しい服飾業界で、今からスタイリストやデザイナーを目指すのは難しい。現状を打破するために自分にできることは何かと考えた結果、思いついたのはマネキンまわりの装飾でした。

「ある日、マネキンの前に自分で花瓶を買って、お花を生けてみたんです。今はショーウインドウやマネキンまわりに装飾を行うのは当たり前ですが、その当時は誰もやっていなかった。これが好評で、会社からも協力するので、どんどんやってほしいと言われたんです」

花を生けるのは楽しいものでした。好きな色、好きな形、花器など、すべて自分の好みで世界を表現できる。学生時代に学んだことと共通するところが多かったのか、花瓶に生けるのもブーケをつくるのも、なんでもすぐにできたそうです。

やがて、マネキンまわりを装飾するだけでは飽き足りなくなります。自分の好みですべてを表現できる花の世界。周囲に認められたという成功体験から、花の世界を目指したいと考えるようになっていきました。また、自分ですべてを表現したいという想いが根底にあったため、人に使われるのではなく、自分のお店を持とうと考え始めました。

「デザインすることが好きだったのに、結局、花を選んだのは、父の影響かもしれません。実家にはかなり広い庭があって、父がそこにバラを植えたり、柿を植えたり、常に庭をコーディネートしてくれていたんです。その頃は感じなかったのですが、多分その記憶が身体に染み込んでいるんでしょうね」

販売実績のよかった渡辺さんは、伊勢丹のオーキッドはもちろん、他のブランド店などから引き合いがあり、様々な人から引きとめられました。

あるメーカーの社長さんには、「渡辺さんには販売力がある。服飾業界に向いているのだから、ぜひこのまま働いてほしい」と強く言われたのだとか。けれど、渡辺さんの決心は堅く、その方からは「だったら、もう服飾業界には戻らないと約束してください」と迫られ、「分かりました」と啖呵《たんか》を切って、花の世界に入ることにしました。

経験も人脈もないところから始める

やると決めたことには一直線の渡辺さん。人脈がない、花屋の経験もない、資金もないと、ないない尽くしであったのにもかかわらず、「エルスール」を立ち上げてしまいました。

お金がかけられないので協力してくれる経営パートナーの空き家を利用して、家族や友人知人に手伝ってもらいながら、自分たちで改装。今のエルスールの代名詞である白を基調とした店づくりもこの時から変わらないそうです。

開業当初の仕事は、百貨店や服飾関係の展示会でのディスプレイが中心でした。自分の世界観を全力で表現する渡辺さんの仕事ぶりがクチコミで広がり、定期的にディスプレイの仕事が来るようになると、徐々に一般のお客さんも増えていきました。

そんな彼女の世界観へのこだわりを象徴するエピソードがあります。市場で花を選ぶ基準は、きれいかどうか。花屋もビジネスなので、費用の計算は必須のはずですが、彼女は気にしません。まわりから値段を考えるように促されても、「いいんです。私たちは美の世界にいるんですから。でも買ったからには必ず売りますよ」。結局、渡辺さんがいいと思ったもの、美しいと感じたものは、やはり売れるといいます。

そのうち渡辺さんのこだわりに魅了された常連のお客さんが、次々と仕事を運んできてくれるようになりました。例えば、当時は服飾業界の第一人者だった君島一郎氏の発表会での花のデコレーション。雑誌「家庭画報」での装花。キャンドル作家とのコラボレーションなどです。

「自分からものを売り込むことが苦手だし、そもそもそこまでして売り出そうという気はなかったので、とにかく来たことをやるという感じでした。全部お客さんが運んできてくれました」

まだ人脈も実績もほとんどないところから、それほど多くの仕事が舞い込んでくるのは、渡辺さんがまとう少女っぽさに秘密があるのかもしれません。

「自立心はあるんですけど、甘ったれ。いまだに、言われたことをこなすというのは苦手です。例えば、何かを読んでくるように言われても、まったく読まない。するとまわりの人が代わりに読んで指示してくれるんですよね」

彼女自身もそう言うように、なんだかほっとけないオーラが漂っているのです。

一緒に働く娘さんは、笑いながら「私たちが迷惑するんです」と話してくれました。他の社員も、代表である渡辺さんを「どこか風船のように飛んで行っちゃいそうな、永遠の少女かつ自由人」と、本人を前にして語ります。完成度の高い仕事ぶりに加えて、そんな放っておけない、なぜか憎めない彼女の性格を好きになったお客さんや周囲の人々が、渡辺さんの世界をより広げているのでしょう。

そんな渡辺さんは、面白いと思った仕事については、採算を気にせず引き受けるそうです。実際に、実績も影響力もまったくなかった仕事旅行社を、創業当時から7年間も受け入れ続けてくれています。そして、そんなエルスールは、必ずランキングのベストテンに入る不動の人気を誇る旅先でもあるのです。

人生のスタイルをつくっていくことが仕事

「今やっていることを仕事だと思ってないんですよね」

彼女にとって重要なことは、女性としてどう生きるか――そのスタイルだそうです。花屋の仕事も、そのスタイルの一部。仕事だけ抜き出して自身の生き方を考えたことはないといいます。

女性として生まれて、ここまで過ごしてきて、そしてこれからどうやって生きていくか。

生き様、生き方は、自分でつくり上げていくものだと言い切ります。

「自分の人生のスタイルをつくっていくのが、私にとっての仕事だったのかもしれないっていう気はします」

それが渡辺さんの「キャリア軸」。だから、自由にしなやかに発想し、そのアイデアを実現するためにとことんこだわり、価値を生み出すことができるのかもしれません。そのためには、人の目は気にしないし、人に何を言われても気にしない。優等生になろうという見栄や、何かを成し遂げなきゃという焦りもないのです。

「私は私。流行ろうが流行らなかろうが、ひとりでもきっと同じことをやっている。その代わり人を傷つけたり、人を利用したり、そういうことは絶対にしたくない。自分の努力でやるっていうのが私の生き方です」

（2）しなやかに発想し、価値を生み出すチカラ

仕事とは、
人を楽しませることを
自分も楽しむこと

ぬいぐるみの旅行代理店
ウナギトラベル

東園絵

あずま そのえ
神奈川県大和市生まれ。上智大学卒業後、メガバンク、外資系証券会社を経て、早稲田大学大学院修了。2008年にぬいぐるみ専門の旅行代理店「ウナギトラベル」を設立する。2013年3月にNHKで取り上げられてから、メディアで話題沸騰。唯一無二のサービスとして注目を集めている。著書に『お客さまはぬいぐるみ』（共著、飛鳥新社）がある。

https://shemeansbusiness.fb.com/jp/

ウナギトラベルは、ぬいぐるみのための様々なツアーを企画・販売するというちょっと変わった旅行代理店。お客さんが大切にしているぬいぐるみを、お客さんの代わりに旅に連れて行きます。ウナギトラベル所属のぬいぐるみたちがツアーガイドとなり、ツアー参加者のぬいぐるみたちと都内近郊の観光スポット巡り、ミステリーツアーやグルメツアー、地方や海外への宿泊を伴う旅行をします。

旅先で撮影した記念写真や動画は、リアルタイムでFacebookやTwitterを通して配信。実際にぬいぐるみを連れて行く人間は完全に黒子で、まるで本当にぬいぐるみが観光名所を巡り、ごちそうに舌鼓を打ち、旅行を楽しんでいる……ように見えます。ぬいぐるみの持ち主は、それらを見ながら一緒に旅をしているようなワクワク感が得られるのです。

……と、少し説明が長くなりましたが、この事業を運営するのが東園絵さんです。前職は外資系の金融で、現在はこのような独創的なサービスを成功させているウナギトラベルの代表という経歴から、やり手の事業家をイメージする人も少なくないかもしれません。しかし、彼女の一番の「キャリア軸」は、大きな事業を生み出したいとか、お金を稼ぎたいというところにはありません。そんな彼女がどのような紆余曲折を経て、ウナギトラベルという会社を興すに至ったかを紹介していきます。

＊＊＊

スイスのシンポジウムに参加して起業のアイデアを得る

上智大学を卒業後、メガバンクや外資系証券会社で社会人としての経験を積んだ東さんですが、5年ほど経った頃、「もう一度勉強がしたい」と早稲田大学大学院で国際経済を学ぶことにしました。大学院では、修士課程に1年半通いました。

在籍中に、一枚のポスターをきっかけに、東さんはスイスのザンクトガレン・シンポジウムの存在を知ります。第一線で活躍している世界のリーダーたちが一堂に会し、世界が直面している課題に対して議論する場です。同時に、現在のリーダーと将来のリーダーが出会う場所というコンセプトが根底にあるイベントでした。

思い切って応募してみると、参加が認められました。5日間のザンクトガレン滞在。ベンチャー・キャピタリストの伊藤穰一さん、トヨタの社長、他にもＩＴ系企業の創業者などそうそうたる面々が参加していました。

シンポジウム開催中は、日本人と海外をつなぐことをコンセプトにしたビジネスモデルを考えて、それをエッセイにして発表しました。

「証券会社勤務のときには、海外への出張が多かったのですが、仕事以外の人と出会う場がありませんでした。バーで声をかけたり、出会い系などを利用したりするのではなく、もっと気持ちのいい出会いを生み出せるサービスを考えたかったんです」

事業案を手に、出会った著名起業家たちに意見を求めました。マネタイズの方法など具体的な問題点を指摘されたりするうちに、本当に事業を始めたいという思いが生まれてきたそうです。

ぬいぐるみの旅行代理店「ウナギトラベル」の誕生

当時、貧血に悩んでいた彼女は、治療のためによくウナギを食べていました。そこからウナギが好きになり、食べるだけでなくウナギ釣りをするなど、ウナギにはまっていきました。

あるとき、東さんは、ちょっとした思いつきで、ウナギのぬいぐるみをつくってみました。もともと、子どもの頃から図画工作が得意で、社会人になってからも息抜きに美術館によく足を運んでいた東さんにとって、ひさしぶりに手を動かして、ぬいぐるみをつくることは楽しいことでした。その延長線上で、ぬいぐるみに〈うなえ〉という名前をつけて、うなえの視点で東さんの日常をブログに書いてみたところ、友人知人やブログ読者から思わぬ反応が次々と起き始めました。

「ブログを見た友達が『ニューヨークに出張に行くから、ウナーシャ（うなえの後につったぬいぐるみ）を連れて行ってあげるよ』と言ってくれて、次第にウナーシャが私の手元を離れて旅行するようになったんです。旅行先から友達が送ってくれたウナーシャの写真を見ると、私もニューヨークでオペラを見たり、パリで素敵なカフェに行ったりしている気持ちになれました。なんだか世界が広がる気がして、これは面白いなって」

手づくりの愛着のあるぬいぐるみを通して、いろいろな世界を見ることは、なんて楽しいのだろう。そのとき、東さんの頭の中では、ぬいぐるみやそれらが登場する世界を生み出す「ものづくり」の楽しさと、これまで考えてきた日本人と海外とをつなげたいという思いがつながり、ひとつの形として具体的に見えてきました。

社会人として複数社で経験を積み、大学院で学び直してきた金融の世界とはまったく関係のないところから生まれてきたビジネスの発想。自分のクリエイションによって国境を超えて人と人をつなぐサービスがつくれるんじゃないか、と心躍るような気持ちで事業を開始しました。

まずはECサイトなどを利用してホームページをつくり、新たに制作した小さなウナギのぬいぐるみをツアーガイドに、東京や神奈川の観光スポットを巡るツアーを企画し、参加者を募集しました。ホームページを運用する経費以外には、自分の人件費だけという小規模なスタートでした。

きわめて斬新なサービスですから、周囲からの反対も多かったのでは。否定的な意見にはどう向き合ったかと伺ってみると、こんな答えが返ってきました。

「それって仕事になるのか、やることが幼すぎるんじゃないかというような意見も少なからずありました。ただ、成功するビジネスの多くが『自分はすごくほしいけれど、世の中にはない商品やサービス』です。前例がないことを始めるのは、誰だって不安なもの。でも、誰もやっていないこと＝競争相手がいないことだと考えて、挑戦しました」

当初、お客さんはひとりも来ませんでしたが、広告などは考えず、ウナギのぬいぐるみたちの写真や動画を、まずはTwitterやFacebookなどのSNSで拡散することに専念しました。こだわったのは、日本語と英語、バイリンガルでの情報発信でした。

「Good morning from sunny Tokyo! It's not so cold this morning! Have a wonderful Tuesday ahead! おはようございます。東京は快晴。今朝は寒さが和らいで穏やかな朝で

す。皆さまにとって素敵な火曜日になりますように」

ツアーに参加してもらわなくても、国内外の人たちにこのコンテンツを楽しんでもらおうという思いからでした。時には、「stuffed animals」で検索してヒットした海外のサイトにコメントをつけるなど、地道なこともやったそうです。その後も2年ほどお客さんが少ない状態が続きましたが、大して出費もなかったので、細々と活動を続けます。

自分が信じる世界をみんなと共有したいという「クリエイター」としての一面

お客さんが多くなくても何年も続けられたのには、明確な理由がありました。

それは、ウナギのぬいぐるみやそれらが生み出す世界への強い愛着。ぬいぐるみたちを世に出したい、たくさんの人に知ってもらいたい、という思い。こんなに自分が癒され、楽しんでいるのだから、分かってくれる人は必ずいるはずだという確信があったのだといいます。こうした東さんの姿勢は、自分が信じる美意識を表現するクリエイターに近いものがあります。

実際、ウナギトラベルのぬいぐるみたちのツアー写真や動画は、ほのぼのとしているようでいて、少し独特です。十数体のモコモコしたぬいぐるみがリアルな世界で動き回る様子は、非日常でシュール。そうしたコンテンツの魅力には、たしかに東さんのセンスが欠かせません。ぬいぐるみ好きだからといって、誰にでもできるものではないのでしょう。

あきらめずに発信を続けていた東さんに、大きな転機が訪れました。NHKのドキュメンタリー番組に取り上げられたのです。当時は、「自撮り」や「インスタ映え」などが流行り始めていた頃。「お客さまはぬいぐるみ」と題して、ぬいぐるみのツアーとウナギトラベルの裏側や参加しているお客さんの思いなどが紹介されたのです。

その番組放送後から問合せが増え、徐々にお客さんがつき始めました。当時の東さんの実感としては、「自分の見える範囲で動いていたことが、その範囲外にも広がり、思わぬところから反応が来るようになった」という感じだったとか。

国内に限らず、2割程度は海外から申込みが来ます。当初は病気や仕事で自分自身が旅行に出かけるのが困難な方が中心になると想定していましたが、実際にはぬいぐるみを通じて他のお客さんや東さんとのコミュニケーションを楽しみたい方、日本の文化を知りたい外国人の方など利用者は幅広いそうです。

ツアーの内容も、東さんの活動に興味を持った代理店を通じて、メーカーからキャラクターの販促活動として申込みがあったり、観光地とタイアップした企画の誘いがあったりと、様々な広がりを見せていきました。出版社と組んだハワイや韓国などの海外ツアー、振付師のラッキィ池田さんと組んだ「ラッキィちゃんと行くツアー」などバラエティ豊かな企画が立てられるようになっています。

自分の仕事は「ぬいぐるみを通じて、お客さまの心に触れるストーリーをつくる」こと

現在は、ぬいぐるみ1体（顧客ひとり）当たり5000円前後で、定員10体程度のツアーを、月に2～3回実施しています。一時期は倍以上の本数を行っていましたが、企業や自治体と組むことが増えてからは利益が安定した分、ひとつひとつのツアーを充実させるべく企画に注力しているそうです。

ツアーの企画が始まると、まずは、テーマや旅程、募集のキャッチコピーを考えます。そして、写真や動画を撮るスポットごとに、ガイドと参加者であるぬいぐるみたちがどう動いて何を話すかの詳細を盛り込んだ進行管理表をつくっていくのです。

ツアーガイドをしている3体のウナギには、それぞれ細かい設定があります。〈ウナーシャ〉は、インドからやってきた優等生。〈うなな〉は、スタンフォード大学を目指して

成功を夢見ている野心家タイプ。〈ウナカ〉は、ぽっちゃり美人のいじられキャラ。個性豊かなウナギのキャラクターたちと参加者のぬいぐるみたち、東さんと持ち主さんたちとのコミュニケーションを想定しながら進行を考えるのは、演劇やドラマの脚本を書いて演出しているのに近いといいます。企業や自治体と組んでいる場合だと、テーマや舞台設定が決められていることになりますが、与えられたカードの中でベストな進行を考えるのは、腕の見せ所で、やる気も楽しさも倍増します。

興味深いのは、ぬいぐるみツアーには、基本的に代表である東さんが必ず同行していることです。ビジネスという観点から言うと、トップが現場に居続けるなら、事業を大きく拡大して利益を出すのは難しい。東さん以外に同行できるスタッフを増やして、お客さんをたくさん集めることは考えないのでしょうか。

「参加したお客さまのアンケートを見ると、どこかに行ったことより、コミュニケーションが楽しいという方が多いんです。中心にいるのはぬいぐるみたちだけれど、ぬいぐるみを通じて、みんなでつくる物語を楽しんでいらっしゃいます。そう考えると、お客さまが望まれているのは、新たにスタッフを増やしてツアー本数を増やすことではなく、今、ウナギトラベルが生み出している世界観を強化していくことではないかと思うんです」

実際、ウナギトラベルを利用するのは圧倒的にリピーターです。そこには東さんの生み出す世界を楽しむウナギトラベルを中心としたコミュニティが存在していると言えます。旅行中、ＳＮＳに写真や動画を投稿すると、なじみのあるお客さんからのコメントや反応が次々とある。そこで仲よくなった人たちが、リアルでオフ会を行うこともあるそうです。

２０１８年には、東さんが改めてウナギトラベルのサービスとは何なのかを考えさせられる出来事がありました。ハワイ、パリ、韓国など、5年間以上も何度もツアーに参加してくれて、自分が参加しない場合でも毎日のようにウナギトラベルの発信に反応して下さっていたお客さんからのコメントが急に途絶えたのです。「忙しいのかな」くらいに思っていたら、ご家族から連絡があり、くも膜下出血で急逝されたことが分かりました。彼女が大切にしていて、ツアーに送り込んでくれていた「さるさん」「くまさん」のぬいぐるみも一緒に埋葬されたというのです。

その話を聞いた東さんは、心にぽっかり穴が開いたような寂しさを感じました。実際に会ったのはわずか数回でしたが、ぬいぐるみを通じて、互いの心に寄り添うようなコミュニケーションをし、そこから生まれる世界を共有してきた人だったからです。

そのとき改めて悟ったのは、ウナギトラベルは、単なるぬいぐるみの旅行代理店ではない、ということ。自分の仕事は、ぬいぐるみという形を借りて、お客さまの心に触れるストーリーをつくるエンターテイナーなのだ、ということでした。

人を喜ばせることを楽しむからこそ、人が喜んでくれる

東さんの仕事の原動力となっているのは、そうした「人を喜ばせたい」という思いだといいます。

だからこそ、東さんは、人を喜ばせるエンターテイナーとしての今の仕事が、楽しくてしかたがない。たとえ何度も開催したツアーで、何度も行った場所であっても、毎回、参加するぬいぐるみに合わせた脚本をつくります。

「今回のオーナーさんは富山県の人だな、今回は中学生だな、今回は車椅子の人だなって想像して、じゃあ何をしたら楽しんでもらえるか、毎回真剣に考えています」

芸人でフィギュアスケートに詳しい石井てる美さんも同行した平昌オリンピックを訪れるツアーでは、夜遅くにスキージャンプを観戦するために、ぬいぐるみたち1体1体に目出し帽をつくりました。ひとりで全部つくるのは大変でしたが、これできっと大切なぬいぐるみを預けたお客さんたちが楽しんでくれると思うと、楽しみで仕方なかったのです。

人を喜ばせることを全力で自分が楽しむことで、人を喜ばせたい——まさに、それが事業や利益の拡大を一番に目指さない東さんのキャリア軸であると思いました。お客さんとのコミュニケーションが中心の仕事だから、学びや気づきも多い。それをまた人を喜ばせ

ることに活かすことが、よい循環を生んでいくのかもしれません。ウナギトラベルのように斬新なサービスで、クリエイティビティを伴う仕事では、求められる能力やスキルを定義するのは難しいですが、東さんは1回1回のツアーからの学びで、キャパ幅を広げているのではないでしょうか。

最後に、今後の展開を尋ねると、東さんはこう言いました。

「やってみないと分からなかったことがたくさんあります。だから、今後の事業計画をガチガチに決めずに、出会いやつながりを大切にしながら、お客さまの喜ぶこと、そして私自身が楽しいことを自由な発想でやっていきたい。お客さまのぬいぐるみたちとウナギのぬいぐるみたちを軸にした世界をつくることが重要だから、アクティビティは旅にこだわっていないんです。ただ、常にチャレンジングでありたい。素敵なお花畑を見て、雰囲気のいい写真を撮ることよりも、ちょっと大変かもしれないことに挑戦する姿を見せるほうが、お客さまの心に響くはず。そういうところを大切にしながらちょっとずつ広げていきたいと思っています」

(3)想いをシェアし、周囲に働きかけるチカラ

個人も地域社会も豊かにする文化を残したい

日の出湯4代目
田村祐一

たむら ゆういち
1980年、東京都大田区蒲田に、大田黒湯温泉「第二日の出湯」の4代目跡取りとして生まれる。大学卒業後、実家の有限会社「日の出湯」に就職し、26歳で取締役に就任。2012年からは、実家が運営していた別の銭湯である台東区元浅草の「日の出湯」の経営者になる。SNSを活用して「銭湯部」を創部。また「はだかの学校」や「ダンス風呂屋」などのイベントを主催して話題となる。ウェブマガジン「SAVE THE 銭湯!」創刊、書籍『銭湯の番台が心がけている 常連さんが増える会話のコツ』(プレジデント社)の出版など、銭湯業界の活性化に取り組み続けている。

「はだかの学校」や「ダンス風呂屋」など、これまでの銭湯の枠を超えた様々なイベントを手がけ、数多くのメディアに取り上げられる、浅草の老舗銭湯「日の出湯」。斬新なイベントを軽やかに仕掛ける張本人は、4代目の田村祐一さんです。家業とはいえ、主流ではない業界に若くして足をつっこみ、盛り上げようと試行錯誤している田村さんのキャリア軸に迫ります。

＊＊＊

銭湯の仕事は手伝っていたが「継ぎたい」という気持ちはなかった

「素敵なストーリーなんてないですよ」

開口早々、田村さんはそう語りました。もともと1939年に曽祖母が浅草にある日の出湯を買い取ったことから、田村家の銭湯経営はスタート。その後、蒲田に第二日の出湯を開業し、田村さんはこの第二日の出湯で生まれ育ちました。「将来の選択肢が広がるかな」くらいの軽い気持ちで大学に進学しましたが、勉強に打ち込むことはなく、学校に通うふりをして毎日のようにパチンコ店に通い詰めていました。学生時代は家業である銭湯に対する興味はほとんどなかったそうです。

「ただ、子どもの頃から銭湯の仕事は手伝っていたので、最終的にはここがあるかなとは思っていました。自分が銭湯を継ぐんだという意識はなく、手伝いの延長線上にあるイメージでした」

手伝うといっても、ふだんは夜の風呂掃除くらいでしたが、父親がいないときには、薪を取りに行くところから、釜に火をつけてお湯を沸かし、湯温の管理をして番台に立つところまで、様々な仕事をすることもありました。

卒業が近づいても、就職活動はまったくしませんでした。周囲には家業を持つ環境で育った友人も多く、スーツにネクタイを締めて会社を訪問する人はあまりいませんでした。

そのまま卒業して有限会社日の出湯に就職しましたが、感覚としては家の仕事を手伝う程度でした。パチンコは辞めましたが、今度はネットゲームにはまってしまい、俗にいうネトゲ廃人状態に。睡眠時間を削ってゲームをするため、銭湯の手伝いをしながら寝てしまうこともありました。たまに彼女と出かけるぐらいで、家からほとんど出ない生活で、この頃の田村さんは、自分が仕事として何をするか、将来について特に考えずにただ働いていたそうです。

知識だけでは、銭湯の経営には役に立たない

田村さんのそんな意識が変わったのは、祖父が亡くなったことがきっかけでした。祖父が遺した銭湯をなくしたくないと思ったのです。

銭湯を盛り立てることにしたものの、会社員経験もないネトゲ廃人だった田村さんには、何をすべきかが分かりません。そのため最初にやったことは、ビジネス書を読むことでした。蒲田の有隣堂書店に飛び込み、面白そうだと感じた『レバレッジ・リーディング　100倍の利益を稼ぎ出すビジネス書「多読」のすすめ』と『アイデアハック！　今日スグ役立つ仕事のコツと習慣』の2冊を買いました。

「パチンコやゲームにはどんどん使うけど、当時の僕が本に3000円使うなんて、ありえなかったんですよ。すごくドキドキしました」

購入した本には、中小企業診断士の資格が紹介されていました。ビジネス全般の広い知識が身につくと考えて、銭湯の仕事をやりつつ、チャレンジを決意。資格取得を支援するスクールにも通い始めました。ところが、一次試験を通過したものの、二次試験は受けなかったそうです。そのわけを尋ねると、

「試験勉強をするうちに、僕は知識を身につけたかっただけで、べつに資格が欲しかった

わけじゃないと気付いたんです」

けれど、いざ勉強した内容を銭湯の運営に活かそうと思っても、結局、何をしていいのか分からない。スクールの講師に相談すると、できるだけ多くの経営者と会ったほうがいいとアドバイスをくれました。田村さんはすぐに、異業種交流会や「朝活」という勉強会に参加するようになります。

人との出会いから自分のやるべきことが明確になる

参加した朝活のひとつに、立教大学卒業生が主催する立教ビジネスクリエイターズのビジネス勉強会がありました。立教ビジネスクリエイターズでは、ビジネスクリエイターになるための講座（RBCインテグレート）が半年に一度開催されると知り、田村さんは軽い気持ちで応募しました。受講のためには審査があり、少数精鋭で行う講座であるため、「風呂屋が通るわけないだろう」と思っていたら、合格。通い始めると、田村さんは大いに影響を受けることになります。

そこには、講師を始めとするビジネスの先駆者がたくさんいました。先輩たちがどのように営業を繰り広げてきたのか、人付き合いをどのように捉えているのか、いかにビジネスを構築するかなどのレクチャーを半年ほど受講し、その間に多くの人に会い、刺激を受けました。

中でも田村さんの心に響いた教えは、「付き合う人を変えなさい」。これまでの人生で出会ってきた、自分と気の合う人とばかり付き合っていたら、人生は大して変わらない。自分の目標となるような人と付き合うようにすると、自分の人生は大きく変わる、というものでした。ネトゲ廃人だったというぐらいだから、それまで田村さんが付き合うのは地元の友人くらいしかおらず、ビジネスの話をするような関係ではありませんでした。この教えを実践するなら、新しく人と出会わなければいけません。

田村さんは、小さいながらも行動を始めました。とあるきっかけで知った「小さな会社のブランド戦略」を手がけるスターブランド株式会社の村尾隆介さんの本を読み、本人が主催する読書会に参加しました。立ち居ふるまいや話す内容など魅力的で「カッコいい大人って本当にいるんだな、付き合う人を変えるとはこういう人たちと付き合うことなのだろうな」と思ったそうです。そして、スターブランドが開催している「スターブランドクラブ」というブランディングを学ぶ講座に入会しました。

スターブランドクラブに参加した田村さんは、村尾さんからこんなことを言われます。

「小さな会社の社長こそ、そこのブランド社長にならなくちゃいけない。小さな会社だからこそ前に立って看板になって、魅力的な会社だと思ってもらえるようにしなくちゃいけない」

この言葉をきっかけに、田村さんは銭湯のために自分がやるべきことを具体的に考えられるようになっていきました。

銭湯の楽しさを知ってもらうための「銭湯部」やブログ、書籍出版

1990年代、第二日の出湯がある大田区には、銭湯が120軒ほどありました。それが現在では40軒ほど。3分の1に減っています。第二日の出湯の経営は安定していましたが、今日明日ではなくとも将来的に厳しくなるのは目に見えていました。

田村さんが、お客さんたちがなぜ第二日の出湯に来てくれるのかを考えると、次のような理由が思い浮かびました。

「家にお風呂はあるものの、ひとりでお湯を張るのはもったいない」

「お風呂掃除をするのが面倒くさい」

「銭湯に行けば誰か知っている人がいる」

お客さんの大半は60代後半から70代の、銭湯に慣れ親しんできた層です。今はよくても、若い利用者を増やさない限り、利用者数が下降することは間違いありません。

危機感を抱いた田村さんは、もっと銭湯に来る人を増やさなくてはならないと考えるようになりました。そのために何をやるか思案していたところ、「暮らしに銭湯を。」を合言葉に、仲間と女性向けの「乙女湯のたしなみ」という銭湯イベントを主催している宇佐川雅美さんの存在を知りました。太極拳やヨガなど、身体と心に効く運動を脱衣場で体験してから参加者とスタッフ全員で湯船につかって銭湯を楽しむ内容で、すでに銭湯業界では有名なイベントでした。

宇佐川さんにアプローチし、日の出湯でイベントを企画しないかと誘ってみました。すぐにやりましょう、という運びにはならなかったものの、宇佐川さんがいろいろ相談に乗ってくれて、最終的に自分自身の手でイベントを実現させることができました。

2010年、手始めに「銭湯部」という活動をスタートします。銭湯の楽しさを知ってもらうために「銭湯部」という気軽なネーミングとし、最初はTwitterで参加者を募り、部活のような感覚でお風呂掃除をしてもらいました。

以降、いろいろなイベントを実施すると、毎回10名ほどの参加者がありました。みんなでお風呂に入って銭湯について話したり、自分で釜を使って湯を沸かして一番風呂に入ったり。その他に、お正月のもちつき、ゆず湯の日の足湯、男湯と女湯に分かれてのバドミントン、おでん、やきいも、かき氷など、銭湯をもっと楽しく使おうという活動でした。

ずいぶんと自由な発想で驚かされますが、これらのアイデアは田村さんひとりが考えるのではなく、銭湯部のイベントをやる前に、銭湯で何をやったらいいか、部員でブレストをするのだそうです。とある銭湯評論家が、銭湯の背景が富士山なのは、霊験あらたかな富士山からの水で身を清めるという説から来ていると話したことをきっかけに、「じゃあ、同じように霊験あらたかな富士山の水で流しそうめんをしましょう」と盛り上がって、「流しそうめん企画」が誕生したこともあります。

イベントの告知は変わらずTwitterのみでしたが、大手新聞社が取材に来てくれて、銭湯部の活動が全国紙の夕刊に取り上げられました。その後、「銭湯部」は、様々なメディアでも紹介されるようになりました。

その頃、田村さんが始めた他の活動には、ブログの執筆もあります。銭湯部の活動内容を紹介するほか、銭湯の日常や田村さんの接客に対する想いなどを綴っていました。

実は、このブログは、最終的に『銭湯の番台が心がけている　常連さんが増える会話のコツ』（2015年、プレジデント社）という書籍にまとめられています。スターブランドの村尾さんに後押しされて出版に至ったそうです。これを機に、田村さんのメディアへの露出がさらに増えていきました。

しかし、残念ながら、こうしたメディア露出が、若いお客さんを呼び込んだわけではありません。日の出湯のお客さんの中で、田村さんの本を読んだことがあると聞いたのはわずかに数回。ブログに至っては誰も見ていないのではないかと、田村さんは笑います。

「結局、銭湯を広める活動はすべて業界活性化のためですよね。僕は日の出湯だけにお客さんが来ればいいという集客はしたくない。銭湯が知られるようになれば、日の出湯に来る客も増えるだろうと、長い目で見ています」

日の出湯の経営者としてひとり立ちする

田村さんがそうして銭湯を広める活動をしている中で、ある日、父親から浅草の日の出湯を閉めたいという話が出ました。赤字が続いており、操業停止寸前。銭湯を廃業するなら、マンションに改装して貸し出す予定だというのです。

廃業にするくらいなら一度自分に任せてほしいと、田村さんは日の出湯の経営を申し出ました。当初、3カ月で結果が出なかったらあきらめろと言われていましたが、初月から結果が出ました。3カ月連続で来客数が増え、わずか半年で黒字化を達成。表の仕事が向いていた田村さんの感じのいい接客に、減ってきたお客さんが戻った感覚がありました。

ところが、お客さんが増えたはいいものの、最近では、近所の銭湯が休みの日には、そちらのお客さんが流れ込み、今度は風呂が混むようになってしまいました。子どもの頃から人混みが嫌いな田村さんは、お客さんにも混んだ空間を提供したくありませんでした。

一方で、事業を続けるためには、売上をもっと増やさなければいけない。銭湯の料金は物価統制令という法律によって制限されており、日の出湯のある東京の場合は、460円（現在は470円）以上の値段設定にはできません。銭湯はもともと生活衛生や伝染病の蔓延防止を目的とする施設だと考えられており、誰でも手軽に利用できるようにしなければいけないからです（ちなみにスーパー銭湯は厳密にはこの法律に縛られない、銭湯とは別枠の存在です）。

売上を増やすなら、お客さんの数を増やすことが早道です。

「日の出湯は、これ以上、お客さんの数を増やすことは避けたいと思っています。自分が入りたくない風呂をつくりたくない。家にお風呂があるのが当たり前の時代ですから、わざわざ銭湯に来てくれる人には、心も体も疲れが取れる場にしたいんです」

と、田村さんはきっぱりと言います。

そのために、利用料以外の収益を上げることで、売上増加を図ろうと考えています。例えば、お客さんには田村さん自身が厳選した飲みものやタオルの購入を勧めたり、銭湯の敷地を使ってマルシェを開催したりなど、客数は変えずに、ひとり当たり単価を上げようと試みているところだそうです。

銭湯文化を残していきたい

日の出湯の経営が落ち着いてから、田村さんはまたイベントを手がけています。

例えば、俳優の伊勢谷友介さんを理事長に、地域の興味深い活動をする人たちを講師に招き、様々なネタをテーマに授業を行う「はだかの学校」。ときにお風呂に浸かりながら、ときに縁に腰かけ、足湯を楽しみながら、学びも同時に行います。

また、銭湯をナイトクラブの会場として、クラブイベントを行う「ダンス風呂屋」。近所に音が漏れないように、参加者は全員ヘッドフォンを着用します。暗い銭湯の中で、多くの人がくねくねと動く姿が極めてシュールで面白いイベントです。

「番台に立って接客をするようになって気が付いたのですが、町にひとつは銭湯って、あったほうがいいんですよ」

身近にいつでも気軽にリラックスできる銭湯があると、地域のつながりを維持できます。近隣にあいさつするような顔見知りがいないというのは寂しいものだし、何かがあったときに助け合うことができません。銭湯を通じて、地域の人たちがコミュニケーションをとるだけで、人間関係を円滑にすることができるのです。だから、田村さんは日の出湯の経営だけでなく、銭湯業界全体を活性化するべく、今も頑張っています。

祖父から受け継いだ銭湯文化への想いが、田村さんのキャリア軸であると思います。そしてキャパ幅を広げるために、田村さんはとにかく素直に、人に勧められたことをそのまま実践します。あの人が言うのであればまずはやってみるかと、人の意見や想いを取り入れていきます。それが、古き良きものを大切にしながら、従来の枠にとらわれずに新しいものを生み出していく原動力となり、応援者を次々と呼び込み、自分の望む仕事や働き方を実現することにつながっているのです。

(3)想いをシェアし、周囲に働きかけるチカラ

まわりを巻き込む仕組みで世の中を変えたい

キッチハイク

山本雅也

やまもと まさや
1985年、東京都に生まれ、多摩ニュータウンで育つ。学生時代はドキュメンタリー映画の撮影やコントの台本の執筆をして過ごす。早稲田大学商学部卒業後、博報堂DYメディアパートナーズに入社し、出版やインターネットでの新規事業に携わる。「社会を変える新しい仕組みをつくりたい」という思いから、2013年、「食でつながる暮らしをつくる」を企業理念とし、「みんなでごはんを食べること」を軸に株式会社キッチハイクを立ち上げる。450日間〝キッチハイク〟で世界中を旅した体験をまとめた著書『キッチハイク! 突撃! 世界の晩ごはん』(集英社)がある。

「みんなでごはんを食べる」をテーマに人をつなぐマッチングアプリを展開する「キッチハイク」という会社があります。話題の飲食店から、シェアキッチンのフードイベント、個人宅の料理教室など、食をテーマに人が集い、交流が生まれています。近年、Airbnb（宿泊施設・民宿を貸し出す人向けのウェブサイト）というマッチングサービスが話題になっていますが、部屋でなく〈食〉を共有するという斬新な試みを知ったときにはあっと驚きました。そんなちょっと無謀とも思えるサービスを仕掛けるキッチハイク代表の山本雅也さんのキャリア軸を探るべく話を聞きに行ってきました。

＊＊＊

子どもの頃から学生時代まで刺激を求め続けてきた

突然会いに行った僕に、山本さんが繰り返し言ったのは、この言葉でした。

「自然発生的に〝刺激〟が生まれる仕組みをつくりたい」

刺激と一言で言っても、その中身はひとりひとり違います。山本さんにとっての刺激とは何かを知るには、まず彼の生い立ちを知る必要がありそうです。

山本さんは、両親に姉の4人家族で育ちました。父親は大手設計コンサル会社勤務で、国内の地方空港の設計や途上国の都市開発などに携わっていました。音楽が好きな母親は、地元で若者を集めたオーケストラに参加したのち、そこで得たノウハウや人脈を活かし、今は会社を立ち上げています。

山本さんは、公立中学、都立高校へと進学し、そのころは多摩ニュータウンで過ごしました。多摩ニュータウンは、何もないところ。都心なら娯楽があふれているし、田舎であればお祭りや地域ならではの遊びがあります。しかし、人工的に区画整理されたニュータウンにはどちらもありませんでした。明日も今日と同じ日が続く淡々とした日常で、刺激を得るには自分たちで何か遊びをつくるしかなかったのです。

「小学生の頃から、何か面白いことをしようっていう気持ちが常にありました。自分たちから何かしないと、何も起きない場所で育ったからだと思います」

高校卒業後は、1年間の浪人生活を経て早稲田大学商学部に進学。それからも、自分で何かをつくり出すことで刺激を得るという行動原理で動いていきます。

大学では、ドキュメンタリー映像を撮るサークルやコントをつくるサークルに入り、授業にはあまり出ず、活動に明け暮れました。卒業が近づくと「面白いものをつくって、自分も楽しく、それで世の中を沸かせたい」という思いで就職先を考えました。

当時は、ちょうど「メディアクリエイティブ」という考え方が流行り出していた頃。キャッチコピーでメッセージを伝えることや、CMを通じて人を動かすことを考えるよりも、人がどこでどのように情報に触れるかということが重視され始めていました。既存のメディアを通じての情報伝達方法のデザインに限らず、生活者がメッセージやコンテンツに触れるところまで全部デザインすることが盛んに語られるようになっていたのです。山本さんは、その第一線企業である博報堂DYメディアパートナーズに入社しました。

入社後は、雑誌や出版、インターネットの部署を兼務。出版社のプロパティを使い、ネットで新規事業や新しい企画を立ち上げる仕事にも携わりました。雑誌の広告面を営業したり、企業とタイアップした本を企画したりするよりも、ブランドやコンテンツの次の展開を仕掛ける仕事が多かったそうです。

世の中を変える仕組みをつくりたい

入社当初は仕事にのめり込んだものの、4年を過ぎると次第に限界を感じるようになりました。同社の手掛けるキャンペーンの仕事は、世の中に対して一時的な盛り上がりを提供することはできるものの、世の中を劇的に変えられるものではない、と山本さんは感じるようになっていたのです。

「例えば、選挙に行こうとキャンペーンをするよりも、電子投票のシステムをつくる方が投票率は上がる。だったらメッセージをどう打ち出すかよりも、仕組みをつくる方が、世の中はすぐに変えられる」

広告という一時的なメッセージを用いて世の中に訴えかけるのではなく、世の中を変えたいなら、まず仕組みをつくることが大切だと考えるようになりました。

キッチハイクの構想が生まれたのは会社を辞める1年半ほど前でした。直接的なきっかけとなったのは、人との出会い。知人の紹介で、現在のキッチハイクの共同代表である藤咲祥見さんと出会ったのです。

当時、藤咲さんは野村総合研究所に勤めるシステムエンジニアでした。お寺を実家に持つ藤咲さんは、仏教という真理を追求する環境で育ってきた影響からか、普遍的なものを生み出したいという強い願望を持っていました。

互いに世の中を変える仕組みをつくることに興味を抱いていることを知ったふたりは、意気投合し、毎週のようにミーティングを重ねました。

「もうそこからは転がるように今に至る、っていう感じです。彼との出会いは相当人生に影響しましたね」

ふたりで話せば話すほど、仕組みをつくることへの興味が膨らみ、ワクワクしていったといいます。

キッチハイクの構想が生まれた

冒頭の言葉から分かるように、山本さんが目指していたのは、〝刺激が自然発生的に生まれる仕組み〟のある社会。山本さんのいう「刺激」とは、子どもの頃から追い求めてきた「面白いこと」とほぼ同義です。

山本さんが刺激を感じるもののひとつに、音楽フェスティバルなどのイベントがあります。イベントは資金とマンパワーを投入すれば実現できますが、その刺激が日常的に続く形にするには、仕組みなしでは不可能。その仕組みには、人と人がよりよい形でつながること、人と人が関わることが重要です。

山本さんの頭にすぐに具体的なアイデアが浮かびました。学生時代にバックパッカーとして世界を巡った体験から、人と人とが結びつくには「ご飯を一緒に食べることだ」という確信がありました。では、多くの人が一緒にご飯を食べる環境を継続的に生み出す仕組みに昇華するにはどうすべきか——ここにキッチハイクの構想が生まれました。

博報堂ＤＹメディアパートナーズは新規事業にも積極的に挑戦する会社なので、社内ベンチャーや新規事業提案という形で実現することもできましたが、山本さんは当初考えていた通り、会社を辞めるリスクを冒して起業に踏み切りました。

「本気で取り組むなら、やっぱり自分が先頭に立つべきだと思ったんです。藤咲と2人の共同代表ですけど、自分でやってみたいというのは〝ロマン〟ですよね」

そして、お金も人手もない中で、キッチハイクはスタートを切ります。成功するか否かはすべて自分の責任です。

「ゼロから人の手を借りずに自分たちでやるっていうのは、小さい頃からやってきたことですから、あまり他の選択肢は考えませんでした」

自分たちでやるからこそ、極力リスクを減らすため、ウェブサービス運営と人件費のみと投資額は小さく、いわゆるスモールスタートを意識して立ち上げました。

キッチハイクの実証実験としての世界旅行へ

山本さんが結婚をしたのは、ちょうど退職した年だったそうです。驚いたことに、山本さんが会社を辞めて間もなく、同じ会社に勤めていた結婚相手も後を追うように辞めてしまいました。大企業をふたりして飛び出る姿、一家で稼ぎがない状況を振り返りつつも、山本さんは笑いながら言います。

「大変でしたよ。ある程度は貯金があったけど、それが減っていく一方。でも、また稼ぐだろうという気持ちがあったから、『あまり気にしてもしょうがない、そういう時期だね』って、夫婦で話していました。お金があるかないかは、そんなに問題じゃなかったんです」

辞めた後は、キッチハイクというサービスを立ち上げる前のフィールドワークとして、夫婦で世界47カ国を旅し、他人の家のご飯を食べ歩きました。初対面同士の人と人が、ご飯を一緒に食べると仲よくなるという仮説を実証するために、自ら行動したのです。

しかし、山本さんはまだ事業からの収入はない状態、妻も定職がない状態で世界旅行に出かけるなんて、不安にはならなかったのでしょうか。

「不安はまったくなかったです。ワクワクが不安の100倍以上あったので、不安は打ち消されていました。自分がこれから取り組むテーマ——食で人と人をつなげる装置をつくる、それを自分で実証実験するっていう壮大なテーマに立ち向かおうとしていたので、その期待が不安を吹き飛ばしていました」

また、世界を巡りながら現地の人と関わることで、キッチハイクが上手くいくという確信とともに、気づいたことがありました。

「地球に80億人近く人間がいる中で、日本に生まれた時点で相当な当たりくじを引いていると、僕は思っているんです。だから最悪と思うようなことがあっても、それは絶対に最悪ではない。世界中を見て回ったら、本当にきつい暮らしをしている人たちはたくさんいます。日本では少なくとも、今この瞬間に生きるか死ぬかのことを考えなくていい。安全で平和で、何かしらのアルバイトをすれば時給800円くらいはもらえる。世界基準で言うと、こんなの奇跡ですから」

その思いは、日本で会社を辞めたことに楽観的にいられることにもつながりました。

一方、現地に足を運ぶことでもうひとつ思うことがありました。それは、「貧しさと幸せってあんまり相関しない」ということです。

フィリピンのスラムで知り合いになった若者の家を訪ねる機会がありました。彼はぼろぼろの木造にトタン屋根の、ドアがない家に住んでいました。ところが、金銭的には非常に貧しいのに、夜ご飯をみんなで食べるときは近所の人たちも集まってきて、すごく楽しそうだったのです。翻って日本を見てみると、生活水準は非常に高いながらも足元の幸せを実感できないことも多く、生きる力が弱まっているのかもしれません。

キッチハイクの今後

山本さんの帰国後、キッチハイクのサービスは本格的に成長を始めます。同社ホームページによると、現在、会員数は5万人を超え、毎月2000人以上が食をともにしています。

利用者が増えて、世の中を変え始めているばかりではありません。キッチハイクは2013年5月にリリースしてから、2017年には成長可能性を評価され、2億円の資金調達も果たしました。最近では従業員も増えて、ビジネスとして順調に成長しています。

「キッチハイクは、まだ世の中にない方法論や概念を生み出していると自負しています。誰もやっていないことをやることにすごく価値があります。まだ世の中にないものって、説明されても分からない。100年前の人間にiPhoneの説明をしても理解してもらえないでしょうが、今の人ならすぐ理解できます。アイデアは形になって、初めて受け入れられるものです。今、キッチハイクを利用してくれている人たちには、何か分からないけどすごく楽しいなあっていうところまでは伝わっていると思っています。これがどんどん普通になって、日常に入り込み、『今夜、何を食べよう』と考えるときに、選択肢としてキッチハイクが挙がる、そんな状況を目指しています。それは、文化になる、ということですよね」

さらに、この手料理のマッチングサービスは、働き方改革にまでつながる可能性も秘めています。企業で働いて給与を得るという手段だけでなく、専業主婦が日々の生活の延長で直接の収入を得られるシステムになり得るのです。

こうして着々とキッチハイクをつくり上げている山本さんですが、会社を大きくするより、自然発生的に刺激を生む仕組みでまわりを巻き込み、面白いことをやって社会を変えていきたいという思いが強いそうです。自分で遊びをつくり出していた子どもの頃から一直線につながる山本さんのキャリア軸であり、ライフ軸といってもいいかもしれません。

「仕事って、なんでしょうね。生き方そのもの、みたいなものでありたいですね」

という言葉通り、山本さんにとっての仕事とは「自分のワクワクを最大化する創作の場」なのかもしれないと思います。そう考えると、子どもの頃からキッチハイクに必要なキャパシティを培ってきたのかもしれません。

(4)伝統の知恵に学び、枠を超えていくチカラ

仕事を通して自分とは何者なのかを追求し磨き続ける

能楽師

武田文志

たけだ ふみゆき

観世流シテ方武田志房次男。1977年10月19日生まれ。26世宗家・観世清和、人間国宝・野村四郎及び父に師事。3歳にして初舞台を踏み、これまで延べ百番ほどのシテ(主役)を務め、多くの大曲に異例の若さで挑み続けている。海外公演多数。ワークショップやプロの後進指導にも力を注ぎ、現在は年間100〜150の舞台出演の傍ら、毎月80名ほどの愛好者を指導。インターネットラジオ・ポッドキャストにて人生相談番組「能楽師武田文志のマイペース人生相談」「能楽師武田文志の解体」のパーソナリティを務めるほか、経営者向けの「能楽に学ぶ事業継承」の講義を開催するなど、多方面から注目を集めている。人々を魅了することで「人々の花を掴む(感じる)心」を拡げる、魂の能楽師。「七拾七年会」「文の会」主宰。

終身雇用の時代が終わり、転職が身近なものになりつつある一方で、人生をかけて何かを極めようとする芸の世界に生きる人は、どのようなことを考えながら働いているのでしょうか。そこで次は、仕事旅行のホストでもある「能楽師」の武田文志さんに話を聞いてみたいと思います。ご存じのように能楽は、基本的には世襲。その家に生まれたからには職業選択の自由はありません。武田さんのキャリア軸を探りながら、人生や芸能で壁にぶち当たったときはどうやって乗り越えてきたのか、ひとつの仕事を続けることで得られるもの、失うものは何かなどに迫っていきます。

＊＊＊

家に舞台があるのが当たり前の環境で育つ

武田家は、曽祖父の代から続く観世流の能一家です。父と兄も能楽師。家の男はみな能楽師になるのが当然でした。さらに、普通とちょっと違う家族構成としては、当時は住み込みの書生がいたそうです。住み込んで修業する弟子が、多いときはふたり、少なくともひとり、武田さんが中学校に上がる頃までは常時家にいました。

観世流には、上から宗家、分家、職分、準職分、師範という階層構造が存在します。このうち、原則は準職分以上のみが専業の能楽師として能楽協会に登録されています。観世流の頂点である宗家および分家は完全世襲制であり、その下に師範および準職分を育成する立場の「職分」があるのですが、これもほぼ世襲。レッスンプロである師範は世襲ではありません。

武田さんは職分家の次男として生まれました。3歳から舞台に立っているので、舞台に出ることは朝起きて夜になったら寝るのと同じくらい当たり前の日常でした。それに対して好きとか嫌いとか、葛藤はなかったそうです。舞台があればお稽古するのが当然、舞台に出たら行儀よくしているのが当然。そういうふうに育てられ、能一家に生まれたことについて深く考えたことはありませんでした。

小中高と青山学院に通っていましたが、同級生に市川海老蔵や尾上菊之助、他にも武田家と同じような能楽の家の子がいたため、芸能一家であること、歴史ある家の生まれであること、家に舞台があることが普通だと思っていました。

「友達も、家に舞台があるような人たちばかりなんです。だから、それが自然な環境と言いますか。そのため、負担や重圧は全然なかったですね」

跡取りじゃなくても、能は「自己承認ツール」のひとつだった

父の後を継ぐのは兄ということも、生まれたときから決まっていました。長男は、能をやらなければうちの子じゃない、とまで言われる環境だったのです。その証拠に、武田さんと違って、兄は地元の公立に通っていました。子方（3歳から12歳くらいまでの子役のこと）時代でも、舞台の稽古が生活の中心であるため、すぐに家に帰れるという理由からです。

跡取りが兄と決まっていることに葛藤はなかったのかと尋ねると、武田さんは静かに答えてくれました。

「お能の世界では、武田家は〈シテ方〉といって、舞や謡の専門家です。観世流の家元は、観世御宗家ただおひとりしかいらっしゃいません。

もし仮に武田家がどんなに凄くても〈武田流〉を名乗ることはないのです。ましてや、僕は次男。どんなに上達しても〈武田文志流〉と名乗るということは絶対にない。そういう世界なんですよ。

だから、自分が跡取りになることがないのは当たり前。ただ、兄に何があるか分からな

いので、そのときは自分が武田家を継ぐ可能性もあります。大人として能楽師を志した17、18歳の頃からは、いつでも兄に代われるぐらいの実力を持つべきだとは考えてきました」

跡取りが決まっているというと、ビジネスの世界では昇進しないと分かっているようなものではないかと想像してしまいますが、武田さんはそれ故にやる気をなくしてしまうことはありませんでした。というよりも、歴史的に完全なる世襲制の世界で生きてきたため、そういう理由でやる気を喪失するという発想そのものがなかったそうです。

「好きか嫌いかで言えば、能は好きでした」

長男である兄は厳しく育てられており、稽古でもよく怒られていました。兄の稽古を傍で見ている武田さんは、いざ自分でやるとなるとすぐにできました。そうすると、親から褒められるのが嬉しく、次第にどうすれば褒められるか観察しながら、稽古するようになっていきました。

能から離れるモラトリアムを経て、能の道へ戻る

能楽の場合、男性は変声期を迎えたり、成長期で体格が定まらなかったりなどの理由から、一般的には中学・高校時代に子方は表舞台からいったん離れます。その期間にどっぷ

り稽古させる家もあれば、「その間は好きなことをしなさい」と本人に自由に選ばせる家もあるそうです。

武田家は後者でした。武田さんも、両親の許可を得て、バスケットボールに打ち込む中学時代を送りました。ところが、中学3年の頃、少し改まった感じで父親に呼ばれます。「これからも能をやるつもりか」と、将来について問われました。能を職業にするなら15、16歳から徐々に大人としての舞台の役付けや稽古を始めなければなりません。「能をやらないつもりなら、もっと学校の勉強をしろ。どちらか決めなさい」と言われました。

少し遡り中学2年の頃、観世の家元（26世の観世清和先生）が家を訪ねてくる機会がありました。立ち話の中で、将来について問われた武田さんが「他にやりたいことができたら、そちらをやるかもしれません」と答えると、その瞬間に家元の表情が曇りました。「『他にやりたいことがないからお能をやるとか、そういうものではない』と、おっしゃって立ち去られたのですが、それが子どもながらに強烈に心に残りました。もともとひとつのことに集中して突き詰めるのが好きだったこともあって、じゃあガチンコでやってみようと決心したんです」

ただ、能の世界の修業が本当に厳しいことも知っていました。まだまだ遊び足りないという気持ちもありました。高校2年いっぱいまでは、とにかく能から離れて好きなようにさせてもらおう。その代わり、そこからはすべて能にかける。そう決めて父親を説得しました。結局、学校の勉強を全くしなかったために高校2年生を2回やる羽目になったものの、2回目の高2からはどっぷりと能漬けの生活。漫画の代わりに謡本や能楽の本を読み、カラオケの新曲を覚える代わりに謡を覚えるようになりました。

「やる気のないボンボン」なら、やる意味がない

武田さんが能楽に打ち込むようになった、もうひとつの動機は、父の弟子である松木千俊さんの存在でした。

武田家はプロの能楽師を指導する〈職分家〉ですが、その立場にいても実力のない人もいます。かたや〈準職分〉として職分に学ぶ立場の人たちにも、死ぬ気で頑張ってやっている人がいます。

松木さんは、そういう準職分のひとりでした。武田さんよりも15歳上。父の弟子として見れば武田さんの兄弟子に当たりますが、武田家の子どもとして見れば、こちらが「坊ちゃん」という位置づけです。そのため、松木さんは武田さんのことを「さん」付けで呼びます。芸歴も実力も松木さんが上で、子どものときから20歳頃までは稽古をつけてもらっ

ていました。

真摯に芸に打ち込む姿勢ばかりでなく、自分に対する誠実な指導ぶりも、尊敬せずにはいられない人でした。武田さんは、松木さんをどこかで目標にするようになりました。すべてにおいて15年の差を上回ることは容易なことではありません。でも、将来職分になるかもしれない家の者として、松木さんの気合いに負けないぐらいの気迫でやらなければ、松木さんの恩に報いることはできないと思いました。

「松木さんは、弟子家として本当に懸命に生きている人で、間近でずっとその生き様を見てきました。だから言葉を選ばずに言えば、こんなに凄い人が弟子家なのに、自分がやる気のないボンボンだったら、やる意味がないという気持ちで頑張り始めたんです」

自分たちが師匠として評価されない存在であれば、準職分（弟子）家の子たちは他の業界に移ってしまうだろう。だから職分（師匠）家の人間は、弟子家の人たちよりも更に命をかけてやる義務がある、そう考えるようになりました。

焦りを跳ね返すため、能に邁進

この頃から、武田さんは業界の現状に対しても、焦りを感じるようになりました。

歴史的に考えても、能という伝統芸能は、命をかけて芸を磨くプロフェッショナルな職人の世界でなければならないはずです。しかし現状は、才能や努力はさておき、どの家に生まれるかによって、将来の立場がある程度決まってしまいます。

「自分の立場や才能をいち早く理解し、本気で努力を重ねない限り、他の芸能と渡り合っていけるはずがない」

このままでは、能の没落は免れないのではないか。

また、同級生の活躍にも少なからぬ焦燥感を抱きました。歌舞伎の世界では、同級生の市川海老蔵や尾上菊之助が20歳にして人気を博していました。能楽界はこのままでいいのかという思いが強まっていきます。脚光を浴びるふたりだけでなく、業界に携わる人々の情熱やビジョンなど、歌舞伎界は能楽界のはるか先を行っているように見えました。

「能楽界は、なんてのんびりしてるんだろう」

今にして思うと、のびのびとゆったり構えているところは能楽界の素敵な長所でもあるのですが、当時は危機感しかありませんでした。

そうした思いを跳ね返すかのように、20代は自分の技を磨くために走り続けました。

「芸の実力がないと、まず業界内で必要とされませんから」

自分自身が舞台で必要とされる人材にならなければいけないと思ったのです。結果として、29歳で「道成寺」を披曲するなど、武田さんは年齢に不相応な大役への挑戦を許されるようになっていきました。20歳のときには愛好者（素人弟子）の一番弟子を取り、23歳のときには毎月60名を超える人々を指導するようにもなっていました。もちろん恵まれた環境にいたということも大きく影響しています。

「お能じゃなくても、何か打ち込めるものなら、なんでもよかったのかもしれません。その頃の自分は、お能というツールを通して自分が一体何者になれるのかを追求していました」

それは、能で褒められることを喜んでいた少年の姿とそのまま重なります。武田さんにとって、仕事とは単に生活を成り立たせるための手段ではなく、自分の存在意義やアイデンティティを確立するためのツールでした。そして、「自分は何者なのかを知りたい」という思いが、この頃までの武田さんのキャリア軸であったように思います。

能を広めるための「自分」として他業界とのつながりを増やす

自身の芸の向上に邁進する一方で、武田さんは同時に能の普及も考えざるを得なくなっていきました。

「まず自分がこの職業で生きていくために、能がなくなっては困る。なくならなくても、それで食べていける業界でなければ困る」

能楽師を仕事として成り立たせ続けるために、武田さんは能に興味を持ってくれる人を増やす試みに次々と取り組み始めました。まず最初にワークショップを開催し、能の舞台の簡単な説明書を作成したり、ストーリーを分かりやすく伝えたりと、初心者でも楽しめるように工夫をしました。

また、一流ホテルからカジュアルなレストランでの講演、各種イベントや東京湾でのクルージングを兼ねた船上ワークショップなど、新たな普及活動にも意欲的に挑戦しました。伝統芸能の由緒正しき世界の中で、異端な存在として活動を続けるうちに、様々な業界の人たちとの縁ができ、徐々に活動の幅が広がっていきました。

そして20代後半には、自分ひとりならおそらく一生涯、能で食べていけるだろうと思うようになりました。しかし、そうだとしても能はひとりでできるものではありません。共演者や裏方、お客さん、たくさんの人が関わっています。武田さんの中で「感謝」という言葉が一気に大きな比重を占めるようになりました。どうやってこの業界を活性化していくか。能楽界のために自分に何ができるのか。

「その頃から、お能のための自分になっていったんです」

突然の大病発症、生かされた命をどう使うか

ところが36歳の誕生日に、白血病であることが発覚しました。病名からは死を覚悟するほどの大病です。今後、能ができないかもしれない。それどころか、下手をすると余命半年かもしれない。幸いにも特効薬が出ており、病状は快復に向かい、これまでと変わりなく活動できるまでに体調も戻りました。

「思い返せば病気が発覚する前の1年、2年は、体力は衰えるし、常に体調も悪かった。むしろ発覚してしっかり治療できたことで、凄く元気になりました。天に生かされたと思っています。お前にはまだやることがあるだろう、というメッセージだったと思います」

さらに、武田さんはこの経験を通じて、医療に携わってきた先人たちに対する感謝の念を強く抱くようにもなりました。

昔は、風邪ですら死の病でした。白血病なんて言わずもがなです。現代の日本に生まれ、恵まれた医療を受けられたからこそ、自分は救われた。いかに多くの人々の犠牲と努力によって自分が生かされているかを再認識させられました。これまで医療を発展させてきた

研究者にも感謝し、犠牲になった人たちに対しては彼らの分まで頑張り、また楽しまねばという思いに駆られたそうです。これは、100年単位の時間軸を経てきた伝統芸能の一家に育ってきた武田さんならではの感覚かもしれません。

病気にかかったことが、自分にしかできないこと、また自分ができることをより一層突き詰めて考えるきっかけとなりました。

能楽界のための改革ではなく、他者に何ができるのかを考える

武田さんは、そもそも能とはなんのためにあるのかという問いに向き合いました。

まず頭に浮かんだのが、能の大成者ともいえる世阿弥の言葉「衆人愛敬」でした。能というのは、どこの誰が見ても楽しめるものでなければならない、という意味の言葉です。

そして「遐齢《かれい》延年」「寿福増長」。つまり、そもそも芸能とは人々の寿命を永らえさせて、幸福を増大させるものでなくてはいけないということ。この言葉に立ち返りました。

「内向きになりがちな能楽界で、自分は常に外向きを意識している自負があったが、果たして本当にそうだろうか」

能を守るために能をやっている、つまり自分たちのことばかり考えていたら、道を踏み外しかねない。能という芸能があったから幸せな人生を送れた、能に出会えたから生きる気力が湧いたと思ってもらえない限り、能の意味がないのではないかと考えるようになりました。自己実現や能楽の普及のためではなく、世の人々を幸せにするために能に取り組みたい――武田さんに新しいキャリア軸が生まれたのです。

「僕みたいにしゃべることが得意な人間は、能を演ずる以外にも、『話す』ということを中心に活動をしていけばいい。しかも僕は、一時なりとも死を覚悟するような大病を患いましたので、前向きに生きることの意味を世の中に伝えられるはずです」

そんな発想から、世阿弥の言葉や能「西行桜」の一節などを例に挙げ、人がよりよく生きるためのヒントが多く含まれている作品の特徴を活かして、一般リスナーの悩みに答えるポッドキャスト番組「能楽師武田文志のマイペース人生相談」を開始。同時に、能楽の教えをビジネスパーソン向けに話すなどの活動も始め、そういったつながりの中から後援会もできました。

現在、能には直接関係ないビジネスの講演会などで話す機会が増える中、結果的に能に興味を持つ人も増えてきているそうです。武田さんは、そうした独自の方向性に、手ごたえを感じています。これまでであれば、自分の能を見た100人のうちのひとりかふたりが能のファンになってくれたという感覚だったのが、最近は１００人のうち10人、20人がついてきてくれるようになっているそうです。

能楽という伝統芸能の家に生まれ、磨くべき芸も進むべき道もほぼ決められている中で、目に見えないしがらみや重圧に負けず、心の持ちようをしなやかに変えつつ、その都度キャリア軸を引き直しながら、芸というキャパ幅を広げ、新しい挑戦を続ける武田さん。その根底には能楽という伝統の知恵が生きているのです。

（5）人の声に耳を傾け、人間関係を癒すチカラ

仕事は自分の細胞を活性化させるための手段

旅館女将
深澤里奈子

ふかざわりなこ
1973年、神奈川県湯河原町に、旅館「ふかざわ」の長女として生まれる。大学卒業後、26歳で女将を引き継ぎ、3代目として事業を継承する。結婚して3人の男の子を出産するが、33歳のときに離婚。その後、心理学やコーチングなどを学び、2008年から理念経営を中心としたスタッフ教育を行うと、部屋稼働率90パーセントを超える繁盛旅館となる。2012年、2013年にはミシュランガイドにも掲載され、「チームふかざわ」のおもてなしが高く評価された。2016年からは、食養生をベースとした研修施設「湯河原リトリート ご縁の社」へとコンセプトを大転換し、新しい価値観の宿の在り方を提供している。

「おもてなし」について大学で講義をする現役の温泉宿女将がいるとのことで、知人を通じて紹介を受けたのが深澤里奈子さんとの出会いでした。彼女は神奈川県湯河原町で温泉旅館「料亭小宿ふかざわ」を取り仕切っていました。この宿は2012年、2013年と連続でミシュランガイドに掲載されています。地域でとれる海産物をメインとした懐石料理や、自然体のおもてなしが評価のポイントで、新規で訪問した顧客が再訪する割合は80パーセント、日々の部屋の稼働率は平均で90パーセントを超えるという人気の旅館。

そんな温泉宿が、2016年にリトリート（研修）施設への完全変貌を遂げました。以前の「ふかざわ」を知っている人の中には、ショックを受けた人も少なからずいます。なぜ人気も実績も伴っていた温泉旅館が、そんな大きな方向転換をしたのでしょうか。

＊＊＊

不安に囲まれている方が、活力が生まれる

深澤さんの生き方に対する考え方はこうです。

「人間は葛藤に囲まれたときに活力が生まれるものです。物事がうまくいっていると、その状況を守ることばかり意識してしまい、体も心も苦しくなります。逆に、明日がどうなるか分からないときは心理的に不安になりますが、一方で体の中は活性化する。そんな活性化された状況を常につくっていたいんです」

仕事をとってみても同じだといいます。

「生活安定のために働く時代はもはや過去のこと。明日がどうなるか分からないこの時代に必要なのは、生きる力をつけることです。これからどうやって生きていくかを考える時代に、どの器（＝会社）の中で生きていくかを考えるのなんて、つらいだけ。生きていけるかもしれないけれど、今あるものを守ろうとするだけになってしまうので苦しいんです。だったら、苦しさの中から生きる喜びをがんがん見つけていくほうが、断然強い」

仕事は、自分の細胞を活性化するための手段だと言い切ります。

まさに明確なキャリア軸です。

深澤さんの仕事を見ていると、確かに挑戦と達成を繰り返しています。傍から見ると、

無用な苦労や危険を冒した生き方をしているようにも見えます。彼女はなぜこのようなキャリア軸を持つに至ったのか、逆境に自ら飛び込むパワーはどこからくるものなのか。深澤さんのこれまでの仕事人生を振り返ることで、その秘密を探ります。

「宴会旅館」への疑問から「おもてなし」への目覚め

深澤さんは、両親、祖父母、そして6つ離れた妹と6人家庭で育ちました。家業である旅館業は、当時、国鉄で公務員をしていた祖父の家に嫁いだ祖母が、家計の足しにと商人宿（工事や薬屋など、長期滞在が必要な労働者が宿泊する簡易宿のこと）を始めたのがきっかけでした。

その当時の湯河原町は今のように温泉地として認知されてはいませんでした。浮き沈みの激しい業界であるため、祖母が始めて以来、基本的には女性は旅館業を手伝い、男性は外で稼いでくるというのが深澤家のルールとなっていました。深澤さんの母親も、自分には不向きであると女将にはなっていなかったものの、裏方として宿を支えていました。

深澤さんが物心ついた頃には、商売が活況で、客足が途絶えず、旅館に知らない人が毎日訪れる生活がありました。昔から「（女将は）お前がやるんだよ」といつも言い聞かされていたためか、旅館を継ぐということに疑問はなかったそうです。地元で小中高と進学し、商売の知識を身につけるために大学は商学部を選びました。「そういうものだと思っていた」のだといいます。

大学を卒業後、すぐ旅館「ふかざわ」で働き始めました。当時はバブル期で、いわゆる宴会旅館のスタイルが主流。社員旅行を中心とした団体客メインに繁盛していた時代です。しかし、歌って飲んで踊ってという宴会ノリに、深澤さんはついていくことができませんでした。

「昔の宴会は、旅館の従業員を人間扱いしない。これやっとけ、あれやっとけというような扱いをされるのがいやでした」

また、大量の食事が残るのも心に引っ掛かりました。残った食事が桶にばんばんと捨てられていく。そんな状態もいたたまれなかったのです。

そんな折、正月料理の勉強をしたいという祖母に同行して、箱根の高級旅館を訪れました。当時としては珍しく個人客をメインにした高級旅館で、従業員の接客も心のこもったものでした。運営も素晴らしく手際がよく、感銘を受けた深澤さんは泊まった翌日に、「働かせてください」と女将に直談判。宿泊客から突然そんなことを言われて、旅館側も驚いたことでしょう。

残念ながらその申し出は断られてしまいます。当時は旅館で働く人に、大学卒の人はほとんどおらず、大学卒の深澤さんは扱いづらいと思われたのかもしれません。ところが、半年ほど経ち、忘れた頃になって、その旅館から、もしよかったら手伝うかという話をもらいます。願ったり叶ったり。深澤さんは、その申し出に飛びつきました。

箱根の旅館での仕事は接客でした。顧客とのコミュニケーションをとりながら丁寧なサービスをすることを学びました。人と人の関係性をつくる。料理も懐石の一品出しなので、ひとつひとつの料理をしっかり味わってもらったうえで、次を出す。自分が目指したいものがそこにはあったのです。そこで1年間働いたことが、今も旅館運営の基礎となっているそうです。

26歳のときに女将として旅館の全責任を担う

高級旅館での日々は充実していましたが、実家の旅館のリニューアルをきっかけに、再び「ふかざわ」へ戻ることになりました。祖母はこれまでの宴会旅館スタイルに限界を感じ、団体向けだった施設の食事処を整え、玄関の改築を行いました。そのタイミングで手伝って欲しいと言われ、深澤さんは戻ることを決めました。いくら建物を改装したとしても、宴会旅館スタイルをずっと続けてきた祖母が中心となって再び運営を始めると、おそらく元のスタイルに戻ってしまう。団体向けの昭和スタイルではなく、自分が箱根の旅館で学んだような顧客と個々のコミュニケーションをとる人間関係を中心としたサービスのスタイルに変えるためには、絶好のタイミングだと考えました。

祖母からの引継ぎは思いのほかスムーズに進みました。通常、家族運営の事業は代替わりでは揉めるもの。先代が口うるさくて、やりたいことを止められる、対立が生まれる、というのはよくある話です。

一方、その対立には、ある種「逃げ」があります。失敗しても、先代のせいにして、甘えることができます。でも、祖母はその点は賢かった。深澤さんの采配がどれだけ拙いものであっても、「あんたがそういうんだったら、それでやってみな」と口出しせずに容認しました。おかげでまったく言い訳ができませんでした。1年目はストレスから顔面神経痛になってしまったそうです。

働くことの意味を「数字的成長」から「人間的成長」へ

宴会全盛の時代は、個人の客は「儲からない」「泊めない」というのが一般的でした。

そうしてやってきた従業員たちの意識を、コミュニケーション重視の個人への「おもてなし」に向けるのは、なかなか大変でした。

ですが、旅館業界では比較的若い40歳前後のスタッフが入社するようになると、徐々に深澤さんが伝えたいことを理解してくれる人が増えていきました。すると、60代のスタッフが自発的に接客などの表の仕事から下がり始めます。徐々に新陳代謝が進んでいきました。

一方で、課題も出てきました。60代と40代が意見をぶつけると喧嘩になりがちです。そこで、「もっと若い子を入れたら変わるんじゃないか?」と考え、高校を卒業したばかりの女性を採用しました。60代には孫世代、40代には子ども世代。このアイデアがうまくいきました。互いにぶつかるどころか、先輩は後輩に丁寧に教えてくれる雰囲気へと変わっていきました。さらに若い従業員やアルバイトが数名入社して、3年ほど経つと、40代と60代のスタッフの間で緩衝材の役目を果たしてくれるようになり、結果的に宿の雰囲気が和んでいきました。

よかったのは、館内のルールや運営など、これまで暗黙知だったことが、「高校生のアルバイトや若い社員には分からないだろう」と〈見える化〉されるようになり、形式知として残るようになったことでした。

気がつくと、平均年齢が28歳くらいにまでなっていました。もちろんスムーズにいかなかった部分もありましたが、自分の考える宿の姿がスタッフたちの意識にも浸透し、手応えを感じるようになっていきました。

新陳代謝が進むにつれ、売上にも結果が出るようになりました。２００７年頃には、稼働率、売上ともに目標を達成。しかし、深澤さんに芽生えた感情は喜びではありませんでした。

「達成した瞬間、これを保たねばと考えるようになってしまったんです」

目標に向かっている間はよかったものの、いざ達成してしまうと結果を維持しようと保守的にならざるを得ません。状況を打破すべく、２店舗目へ事業拡大を考え始めました。他の旅館のお世話を手がけるなど、「ふかざわ」のノウハウを人材とともに提供するサービスも展開しました。売上は伸びていきましたが、利益アップが目標になっている状況に違和感を覚えたのもこの頃でした。

「いつの間にかスタッフを、そのための駒みたいに考えてしまっていたんです。それはやっぱり違う。働くということの根本を、数字的な成長じゃなくて人間的な成長にシフトさせたい、そういう思いを抱き始めました」

ちょうど同時期に夫との離婚が決まりました。宿以外の周辺事業はもともと夫が取り仕切っていたこともあり、離婚をきっかけにすべてを手放すことにしました。同時に、自分にとって「働く」とはどういうことか、とことん突き詰めて考える機会が訪れました。

旅館の女将のまま、女性への教育業へ〝ひとり転職〟する

「本当に旅館をやりたかったのかな。女将として人前に出るのは正直あまり好きじゃないし、本当にやりたいことってなんだろう」

改めて自分がやりたいことを考えた結果、たどり着いたのは、「人の変化と成長」の手伝いをすることでした。実は深澤さんは小学校の卒業文集に、将来の夢として「教師になりたい」と書いたほど、教育分野に興味がありました。若くして女将になったことで経験した仕事の苦労、離婚を通じて経験した女性としての苦労、経済的にも精神的にも自立に向き合ってきたという自負もありました。

「女性の精神的自立を、教育を通じて促したい」

20代の女性たちに、自分の経験から伝えられることがあると考えました。

とは言え、今から教員免許を取得して教師の道を目指すのはハードルが高い。子どもも3人いるし、宿の運営責任もある。お金も時間も余裕がない。思い悩む中で、宿のスタッ

フに自分が教育のターゲットとしたい20代の女性が多くいることに気がつきました。宿の若手女性スタッフを相手に教育を行えば、自分のやりたいことが叶えられます。

「だから、自分の中では2008年に、旅館業から教育業へ〝転職〟してるんです。外から見ても分かりにくいですけど、ひとり転職です」

そう語る深澤さんの顔に、この挑戦を楽しんでいる姿勢が見えました。旅館業であることに変わりはないし、社員としても旅館のスタッフであるという事実は変わりません。しかし、この深澤さんのひとり転職が後に全館を巻き込む業態変更へつながっていくことになります。

雇用関係の前に、スタッフとは「人と人」との関係をつくる

教育事業をやると決めてからは、スタッフの両親と積極的に関わりを持つことにしました。これには祖母の影響もありました。勤務中だけの関係性に限らず、スタッフが家を買うとなればアドバイスしたり、お金を貸してあげたり、姑との悩み相談に乗ったりなど、人間関係を家族ごとひっくるめて面倒をみていた祖母を見習おうと決めました。

「私も採用面接では家族関係について尋ねます。仲はいいのか、会話は多いのか。プライ

ベートだろうがなんだろうが、ずかずか入っていくんです。それは、仕事の前段階に必要なこと。人と人との関係性をつくることを大切にしているからです。そういった関係性ができると、ここで働こう、頑張ろうというモチベーションにつながります」

スタッフと仲間や家族のような感覚が生まれると、仕事上で方向がずれることがあったとしても、結果的に関係性が維持されるといいます。

スタッフの家族とも関係を深めるために、まめに連絡をとるようにしました。宿に招待したり、手紙を送ったり、中にはメル友になっている相手もいます。スタッフ本人がきつそうなときには、深澤さんと家族、両方から応援します。厳しい注意や叱責をしたときには、「フォローしてくださいね」というように正直な状況を伝えることもあります。

そのような人間関係があるので、「辞めたい」と言ってきたスタッフの母親に深澤さんが連絡をしたところ、母親が「あんないいところ辞めちゃだめよ」とそのスタッフを説得してくれたこともありました。

経営者がスタッフたちといつもまめに連絡し、深いコミュニケーションを取ることは、なかなか難しいものです。雇用を軸としない人と人との人間関係をつくっていることは、深澤さんならではの人材教育と言えそうです。

「人生に変化が起こる宿」が、ミシュランガイド掲載へ

そんな教育方針の結果が現れたのは、2011年、東日本大震災のときでした。相次ぐキャンセルに、経営の雲行きが怪しくなっていきました。同業者の中にはスタッフを解雇する選択肢をとるところも少なくありませんでしたが、深澤さんは違いました。

「最悪、旅館として立ち行かなくなっても、このメンバーならできることがあるはず」

そう考えて、スタッフたちとミーティングを重ねました。自分たちにはどんな強みがあるか。それを活かすことで、どんな人たちとどんな喜びを分かち合えるか。今できることは何か。利用客が少なく、時間があったため、とにかく考え続けたのです。

そうして生まれたテーマが、「人生に変化が起こる宿」でした。

自分の人生に真剣に関わっていくことは、顧客にも真剣に関わっていくこと。だからこそ、自分たちが率先して変化していけば、顧客にも変化が起きるはず。そのためには、顧客に対して自分たちらしいおもてなしを追求していこう——そう考えたのです。

どんな小さな意見も拾って、採用していきました。例えば、顧客がもっと喜ぶ飲みものに変えよう、もっと見やすいメニューをつくろう、お風呂に籠があったほうがいいけど、買うのではなく自分たちで編んでみよう。すると、受け身だったスタッフに自分たちで考

えて実行するという主体性が生まれていきました。

「そのエネルギーが人を呼んだのだと思います。人を大切にしたいというのが、きっと伝わった」

近隣の同業者が震災の影響で苦戦を強いられる中、「ふかざわ」の2011年の決算は過去最大の利益を達成しました。

「8月から稼働率100パーセント近くで、確かに忙しかった。でも、主体性を持ってお客様のために動けるようになったスタッフと一緒だから、苦になりませんでした」

スタッフでもお客さんでも相手のことを思いやり、支えていこう、癒していこうと考える深澤さんだからこその成功だったのだと思います。

そんな中、さらに嬉しいニュースが飛び込みました。2012年のミシュランガイドに「ふかざわ」が掲載されたのです。

「ミシュランにうちが載るものなの？　ってびっくりしました。評価して下さった方は、仕事ではなくプライベートで旅館に来て、おもてなしに感動して、プッシュしてくれたみたいです」

ミシュランでの紹介文も興味深いものでした。施設や料理を褒めるのが一般的なのが、「ふかざわ」の場合は宿泊の体験談が記事の中心だったのです。「女将を筆頭に、チームふかざわがおもてなししてくれます」という嬉しい一文もありました。「ふかざわ」は、翌2013年にも連続して掲載を果たしたのですが、そうなると深澤さんはミシュランに載った宿というステータスを保たなくてはならないという焦りを感じ始めました。

稼働率が平均95パーセントという状況で、90パーセントを割ると不安になる。もうだめだ、とネガティブに考えてしまう。顧客に対しても、クレームがないように身構えてしまう。これまでは、おもてなしや礼儀というように畏まらず、自然体で顧客と接していたのがよい効果を生み出していましたが、「ミシュラン掲載」という冠が付いたことで、期待されているから失敗できないと緊張感が漂い出しました。徐々に宿全体を息苦しい雰囲気が包み込むようになってしまったのです。

食を通じて、変えられるかもしれない

これではいけないと、深澤さんが再び自然な接客を実現するために考えたのが、食事を変えることでした。深澤さん自身、ヴィーガン料理（卵や牛乳も含め、動物性食品を一切使わない料理）を食べるようにすると、その効果か、体が楽になり、気持ちも穏やかに、自

分に素直になるという実感を得るようになっていた時期でした。ぜひ、顧客にもスタッフにも、この魅力を伝えたい。

深澤さんが取った行動は大胆なものでした。「料亭小宿ふかざわ」から「湯河原リトリート　ご縁の杜」への移行です。もはや旅館ではなく、研修施設としての教育業へと、その趣を変えてしまったのです。

大きく変えた点は2つでした。まず、季節ごとに異なるメニューで定評を得ていた料亭らしい懐石料理をやめ、ヴィーガン料理を食事に取り入れました。

次に、セミナールームの充実やリトリートプログラムの提供、イベントの開催など、学びの要素を強くしていきました。その結果として、個人の顧客に加え、法人研修としての利用が増えたといいます。

業態を変える前の「ふかざわ」も、ミシュランへの掲載や大手の旅行代理店からの紹介で、常に高い稼働率を保っていました。そのすべてをなげうっての挑戦。ましてや、世の中にはほとんど認知されていないリトリート（研修）施設としてやっていこうというのだから、驚きです。

「客観的に見ると、こんなに変えちゃって売上は大丈夫かなという不安がありつつも、自分の内側、細胞は活性化している感じです。だから、ちょっとしたことでも工夫することが喜びになっています」

現在は、リトリート施設として賑わっていますが、業態変更直後、「チームふかざわ」内ではかなり混乱があったそうです。

「安定して働きたいタイプのスタッフは辞めていきました。何をすればいいか、こちらから指示しないとできない人には向いてないですね。生きる力を持っている人は残ります。これから残る人はサバイバルに生きていける人だと思います。

物事がうまくいき始めると、それを守るために保守化してしまう。保守化した状態を打破するために新たな試みを行う。試行錯誤を繰り返すうちに、徐々にうまくいくようになる。するとまた保守化しちゃう。結果、また新しいことを仕掛ける。それの繰り返し。そういうことが私にとっての仕事なのかもしれません」

深澤さんのキャリア軸は、自分だけでなく組織のキャパ幅まで広げているように思えます。そんな深澤さんは、海をぐるぐると力強く泳ぎ続ける回遊魚のマグロをイメージさせます。ぐるぐると泳ぎ続けながらも、いつか今は見えない場所へたどり着くのだろうと思います。そして、たどり着いた先で満足するのではなく、またその先に向かって泳ぎ続けるに違いありません。

(6)モチベーションを高め、長く続けるチカラ

仕事とは問題解決のための実験だ

コミュニティデザイナー

黒田悠介

くろだ ゆうすけ
東京大学文学部（心理学専攻）卒業。IT業界での2度の転職を経て、26歳のときにウェブマーケティングのコンサルティング会社を起業するものの、2年後には代表取締役を交代し、のちに売却。再び会社員としてキャリアカウンセリングに携わったあと、働き方の多様性を高めるために「文系フリーランス」として独立。自身が発起人となって、約3000人の日本最大級フリーランスコミュニティ「FreelanceNow」を立ち上げた。現在は、新規事業の立ち上げ支援に関する経営者のディスカッションパートナー、議論を通して多彩なメンバーがつながるコミュニティ「議論メシ」を主宰するなどコミュニティデザイナーとして活動。「議論で新結合を生み出す」という活動ビジョンを掲げて、新しい職業とコミュニティを生み出している。

働き方の多様性を高めるフリーランスのためのコミュニティ、多彩なメンバーと議論でつながり共創を生み出すコミュニティを運営するなど、「コミュニティデザイナー」として活躍する黒田悠介さん。

僕が黒田さんと初めて出会ったのは、彼がフリーランスのノウハウを発信する「文系フリーランス」と名乗っていた頃でした。クリエイティブ系や理系が多いフリーランスの世界に新しい価値を持ち込んだ黒田さんに興味を持ち、その後の活動に注目してきましたが、その後もディスカッションパートナー、コミュニティデザイナーと、ジャングルジム的にキャリアを進化させています。

これまでにないキャリア形成を続ける黒田さんへの今回の旅行から見えてきたのは、自分の仕事とは「社会的な問題解決のための実験」というキャリア軸でした。

＊＊＊

「いつでも会社という船を降りられる力」を身につけたかった

黒田さんは、父親がメガバンクの銀行員という、比較的裕福な家庭に育ちました。地元の友人たちが公立中学校へ進学する中、中高一貫の私立校に入学。勉強ができたので、校内の選抜クラスに進学し、あまり深く考えることもなく東京大学を志望しました。

その一方で、父親のように大企業で働くことに対してはネガティブな印象を持っていたそうです。

そんな黒田さんが大学卒業後にまず入社したのは、企業のクチコミプロモーションを手がけるベンチャー企業でした。マーケティング業界を選んだのは、大学時代に興味を持った心理学を活かした仕事をしようと考えたから。中でも経営などの業務に深く関わることができる小規模、中堅企業に絞って就職活動をしました。

「『全員が事業家たれ』という社是に惹かれました。歯車じゃなく、事業のオーナーとして入社するんだという姿勢が面白かった」

また、ひとりでも生きていける力を身につけたいという思いもありました。

「乗った船が豪華客船だったとしても、氷山にぶつかる可能性だってあるわけじゃないですか。降りられない状況になってしまうのは怖い。いつでも自分の意思で乗降できるくらいには力がつくところで働きたかった」

転職が前提の入社でした。終身雇用や安定を求めたいという思いはまったくなかったのです。

仕事がマニュアル化できるようになると飽きてしまう

入社して間もなく、社内から大手食料品、化粧品メーカーなどのウェブマーケティングをサポートする新規事業が立ち上がりました。担当者の裁量が大きく、自由に挑戦できる。ビジネススキルを高めるチャンスと考え、異動を願い出ました。そのプロジェクトでは、自ら顧客ターゲットを設定し、どういう見せ方をしたら刺さるのかを考えて試しながら、結果が跳ね返ってくることに喜びを感じていました。

すべてが新鮮なうちは充実感があったものの、2年も経つと、徐々にその仕事もマニュアル化できるようになっていました。マニュアル化が進むと、自分以外の人間でも同じ結果が出せるようになります。「この仕事をやっていくのは自分じゃなくてもいい」と感じた瞬間、黒田さんは転職のタイミングだと思ったといいます。

ウェブマーケティング業界には可能性があると考えていたので、より大きな学びを得るために、専門的で小さい組織で働くことにしました。より大きな裁量権を持ち、意思決定のスピードが速い環境で仕事がしたい。例えば、社長直下で社員が動くような、20～30人程度の小規模な会社。かつ新規事業を積極的に手がける会社という条件で、転職先を探しました。

社長という肩書も捨ててしまう

そうして見つけた次の会社は、ウェブ予約システムをつくる会社でした。黒田さんは、ウェブ予約が浸透していない業界に予約システムを導入する業務を担当しました。

入社後1年も経たないうちに、マーケティングのコンサルティングをする子会社設立の話が出てきて、その代表取締役社長として黒田さんに白羽の矢が立ちました。主にクライアント企業に常駐して、クライアントとともにマーケティングを実践する事業でした。

社長に就任後、経営は順調に進みました。売上も上がり、余剰資金も出るようになります。そこで、黒田さんは事業規模を拡大するために、優秀な社員を集めるという大きな壁にぶつかりました。

「どんなに経営状況がよくても、優秀な人材は大手や有名企業に流れてしまう。人的資源が足りないことによって事業にブレーキがかかるのはもったいない」

黒田さんは、もっと優秀な人材と世にあまり知られていなくとも優良な企業をつなげる必要がある、と感じるようになっていったのです。

「会社を経営するうえで、ヒト・モノ・カネのうち、圧倒的に人が足りないと感じました。人が足りないと何もできない。ベンチャー企業に対して人材採用のサポートをしたら、日本の産業全体が底上げされるのではないかと考えたんです」

このあたりから、仕事を通じて社会的な問題にアプローチするという、黒田さんの現在のキャリア軸に近いものが見えてきます。

「社員には申し訳ないけど、自分の気持ちが他を向き始めたら留まることができなかった」

黒田さんにとって、社長という肩書すら重要ではなかったのです。

問題を解決するためには未経験の業種だろうと関係ない

黒田さんは、優秀な学生と優良な企業を結びつける事業に携わろうと考え、競合調査を始めました。その中で出会った「スローガン」という会社が、自分より少し先を見ていると感じたそうです。

事業のオーナーでいることに興味はなかったので、会社は他の人に引き継いで、スローガン社に入社し、再び「サラリーマン」に戻りました。セミナーの講師やイベントの司会として、学生向けにキャリアについての考えを教えたり、展望の明るい企業を勧めたりなど、いわゆるキャリアカウンセリングに携わりました。ウェブマーケティングを中心に仕事をしてきた黒田さんにとって、これまでの経歴とはまったく異なる業界でした。

「異業種に飛び込むことに対する違和感はありませんでした」

ベンチャーで人材不足が発生する原因は、大手や外資系の企業ばかりに注目するという学生のトレンドにあります。この問題を解決するためには、就活生の価値観を多様化することが必要だと考えました。多様性を持たせるとなると、学生ひとりひとりと話すしかない。異業種であろうが、経験がなかろうがやるしかないという思いだったのです。

未経験の仕事でしたが、今までの経歴が役に立ちました。ベンチャーでの新規事業立ち上げや社長の経験があることで、学生に対するアドバイスに説得力が増し、学生は真剣に話を聞いてくれます。

「自分で選んだ道が、結果的に説得力をつくってくれた。業界が変わっても、過去の経験がまったく活かせないということはない。人と話すのは嫌いじゃないし、仕事は楽しかったです」

多様な働き方を目指して「文系フリーランス」へ挑戦する

ところが、キャリアカウンセリングを重ねるうちに、黒田さんは葛藤を抱くようになりました。キャリアの話を学生にしていると、企業に勤めるよりも、社長に向いている人や、フリーランスに向いている人にも出会います。

「人と企業を結びつける」という問題意識から入社した会社でしたが、よりよい仕事人生を学生に勧めるのであれば、かならずしも適切な企業に採用されることがゴールとは限らないことに気が付いたのです。職業あっせんが中心の業界では、起業やフリーランスという道を勧めることは、仕事の枠を超えてしまうことになります。しかも、会社勤めや社長業についてはは実体験から語ることができましたが、フリーランスとなると黒田さんには未経験であり、自分の持つ情報には限界がありました。

そんなとき、黒田さんはある病気を発症しました。自己免疫疾患の一種で、毛髪が全部抜け落ちてしまい、頻繁に貧血に似た症状が現れました。結果的に、長時間働くことができなくなってしまったのです。体調に応じてセミナーの数や業務時間を減らすなど会社の配慮もありましたが、ずっとこのままというわけにもいきません。自分が働けるだけの時間で稼がないといけない。自分事としても、フリーランスになったほうがいいのではないかと考えるようになりました。

しかしフリーランスの情報を調べてみると、先に述べたとおり理系の仕事やクリエイティブなスキルを持った人の情報ばかり。黒田さんのように、いわゆる文系で、職歴はあるが特別なスキルを持っていない人がフリーランスになって活躍している事例は多くありませんでした。

「フリーランスという働き方が一般的になれば、働き方が多様になる。週2日だけ働くとかいろんな働き方ができる。どんな業種や職種の人でも挑戦できる」

自身の体調の変化と、企業人として感じた働き方に対する問題意識が重なり、自分が先陣を切って文系のフリーランスになることで、企業に就職することに疑問を抱いている人たちの後押しができるはず。ひいては働き方の多様性を高めることができるのではないか。

そうして考えたのが、「文系フリーランス」への転職でした。単なるフリーランスではなく、文系と冠をつけたのは、話題を喚起したかったこともありますが、理系の仕事が多いフリーランスの世界への挑戦の意味合いも込めました。

個人が安心して働けるようになるための場づくり

黒田さんはこれまでの職歴を活かし、主に企業の経営者のディスカッションパートナーとして新規事業の立ち上げ支援というコンサルティング業務を始める一方で、文系フリーランスを応援するために次々と活動を起こしました。

代表的なものはブログ「文系フリーランスって食べていけるの?」です。「フリーランスってそんなに大変じゃないよ。こうやったら始められるよ」という情報を発信しようという軽い気持ちで始めましたが、ブログを通じて知名度が上がり、フリーランスの仕事について相談を受けることが増えていきます。そうした反響を受けて、講演やセミナーなどで蓄積してきたフリーランスとしての事業ノウハウを開示するようになりました。

2017年2月、自らが発起人となって、フリーランスコミュニティ「FreelanceNow」を立ち上げました。コンサルタント、エンジニア、デザイナー、ライター、マーケターなど様々なジャンルのフリーランスが実名で登録し、企業からの様々な案件を受注することができます。

「フリーランスは、案件が取れなくなって仕事がなくなってしまうのが一番しんどい。生活できなくなってしまう。そういった事態にならないように、セーフティーネットをつくりたいんです」

そういう意味では、「FreelanceNow」は、登録メンバーと企業をマッチングさせるプラットフォームの役割を果たしており、今や約３０００人が登録するコミュニティへと成長しています。

さらに、そのあとにディスカッションパートナー育成をきっかけとして立ち上げた「議論でメシを食っていく人が集まるコミュニティ」、現在では名称が転じて「議論メシ」となったコミュニティでは、議論というフラットでポジティブな対話を通じて、新しいアイデアやものを一緒につくり上げる実験場を目指しています。オンライン／オフライン合わせて月に平均20回以上のイベントを開催しています。

「僕がフリーランスとなった頃は〈個の時代〉でしたが、ここ数年はやや組織への揺り戻しが来ていると思います。だから、フリーランスのみんなが個ではなくコミュニティベースで働くことはできないかをずっと模索しています。

コミュニティのメリットは、ひとりの〈やりたいこと〉をみんなで〈できること〉に発展させられる点です。議論メシには、起業経験のある人も多いため、起業経験者からメンタリングを受けて起業したり、議論によって事業支援をしたりするコラボレーションが自然と生まれています。実際に、山梨県を活性化したい方とドローンパイロットの方が出会い、ドローンを活用して山梨県の魅力を発信するプロジェクトもありました」

そして、今では、そうしたコラボレーションが起きるようにコミュニティをデザインすることが、黒田さんの主な仕事になりつつあります。

「働き方を多様化する」という問題解決のための実験

こうして黒田さんの転職歴を振り返ると、その時々に問題意識を抱き、その解決のために仕事を選んできたことが分かります。

黒田さんは、これを「実験」と呼んでいます。ここでいう実験とは、自ら見つけ出した社会的な「課題」を解決する一連の行為。黒田さんにとって、課題に対し「仮説」を立て、その仮説を「検証」するための行為が「仕事」ということ——つまりキャリア軸なのです。

そして、実験のために必要なキャパシティを把握して、どうしたら学べるのかを考え、すぐに転職や独立、プロジェクトやコミュニティをスタートさせる行動力もさすがです。

「今は、自分自身の働き方を通じて、日本の社会の働き方の多様性を高めたいという思いで活動しています。後世に生きる人々がもっと自由に人生を選択できて、いろんな働き方ができるように、より多くの選択肢を残していきたいと思っています」

(6)モチベーションを高め、長く続けるチカラ

仕事は趣味、だから毎日退屈せずにいられる

探偵

小澤康二

おざわ こうじ
1969年生まれ。明治大学中退後、建設会社、工事現場、居酒屋、コンビニなど転職を繰り返し、カフェバーを経営するも失敗。その後、探偵学校を卒業し、探偵として独立する。探偵社「ファーストコール」、復縁専門の「復縁屋1st」などを経て、現在は、東京本社、大阪支社、その他東海、東北、九州に相談室がある株式会社「1stグループ」代表取締役を務めている。主に、浮気調査、行方調査、ストーカー調査、結婚調査、盗聴器発見などを手がけている。また、心理学スクール運営や芸能プロダクション経営も行う。

yavyav - stock.adobe.com

最後に、仕事旅行社でも根強い人気を誇る探偵の世界をのぞいてみましょう。探偵というと、映画や小説などではおなじみの職業。名探偵になった自分を想像したことがある人はいるかもしれませんが、現実的な就職や転職先としては、なかなか候補には挙がらないものです。実際の探偵はどのような仕事をしているのか、探偵になるにはどうすればいいのか、探偵は儲かるのかどうかは一般にはあまり知られていません。

小澤さんは、株式会社1stグループという探偵社の代表取締役であり、今も現役のベテラン探偵。ヴェールに包まれた探偵という職業を明らかにしながら、小澤さんの「仕事は趣味」という独自のキャリア軸も探っていきます。

＊＊＊

実家の不動産屋が倒産し、大学中退後、職を転々とする

小澤さんの父親はいわゆる町の不動産屋でした。父親が自営業だった影響からか、子どもの頃から独立心が強く、高校生の頃からアルバイト漬けの生活をしていました。バイク

でもエレキギターでも、欲しいものは自分で稼いだお金で買いたかったのだそうです。当時から、将来的には自分で事業を始めたいと考えていました。

明治大学商学部に入学してまもなく、父親の会社が倒産。1990年代初頭、バブル崩壊の影響を大きく受け、4億円近い借金を背負うことになってしまいました。

実家の生活はガラッと変わりました。父親は他の会社の仕事を手伝ったり、建築士として図面を描いたりして借金を返していくしかありませんでした。専業主婦だった母親も居酒屋を始め、家計を助ける中で、学費を親に頼るわけにもいかず、小澤さんは大学を辞めることを決断しました。

退学してすぐ、小澤さんは結婚しました。相手は当時、一部上場企業に勤めていた女性。まだ定職に就く前のことで、相手の親から猛烈な反対にあいましたが、押し切って結婚し、すぐに子どもが生まれました。

新しい家族を養うために、小澤さんは小さな建設会社に中途採用で入社しました。父親の仕事を見ていたのでなじみのある業界でしたし、浮き沈みはあるものの、稼ぎがいいことも分かっていたからです。しかし、給料が高いという現場監督を目指したものの、現場での嫌がらせもあり、1年ほどで退職しました。

建設会社の次は、大手居酒屋のチェーン店、コンクリートの型枠工事を専門とする会社、大手コンビニチェーンなど、社員やアルバイトを転々とします。

飽きては仕事を変える生活を繰り返した末、小澤さんはバーの経営を思い立ちました。200万円ほどあった貯金に加え、知人から100万円を借金して元手としました。居酒屋での調理の経験を活かして、今でいうカフェバーのような形態で店を立ち上げました。妻子持ちの身でかなりの決断のようにも感じますが、小澤さんに気負いやプレッシャーはありませんでした。

「自分はいつか金持ちになるんだという根拠のない自信がありましたから。何で成功するかは自分にも分からない。だから、いろいろ挑戦していた。なるようにしかならないし、ダメだったらやめればいい。心配しようがしまいが、何かやらないと進んでいかないですからね」

ところが、経営は上手くいきませんでした。知人に借りた100万円はどうにか返済したものの、時間が経つとジリ貧になっていきます。1年半ほどで見切りをつけ、店を畳みました。

「自分に向いている」「儲かる」と探偵を目指す

カフェバーを閉めたあと、小澤さんは3年ほど母親の居酒屋を手伝っていましたが、転機が訪れます。ある日、テレビで観た探偵学校に興味を惹かれたのです。

「もともと人の行動を観察するのは好きでしたし、浮気や不倫などの疑いに白黒はっきりつけるという点にも共感しました。これは自分に向いてる、しかもなぜか儲かるイメージまで湧いてきたんですよね」

わずかな貯金をはたいて探偵学校に入学すると、尾行や張り込みなど、非日常の世界が待っていました。授業は3カ月で終了。探偵は特に資格を必要とする職業ではないので、そのまま個人事務所を立ち上げました。

なんとも簡単になれるものだという印象も受けるのですが、もちろんすぐに仕事が舞い込んでくるわけではありません。当初は探偵学校に仕事を斡旋してもらっていましたが、まるまる6カ月間まったく依頼がない時期もありました。

探偵の仕事は、案件に対して報酬を決める場合と、時給で動く場合があります。ひとつの仕事で数百万円になることもあります。収入ゼロの月が続いたかと思えば、手取りで1000万円を超える月もあったりして、最初のうちから年間で均《なら》すと1200万円ほどの収入にはなりました。始める前のイメージ通り、全体として儲かるという感覚をつかみました。

ひとつひとつの仕事を丁寧にこなしていくと、人脈ができ、顧客が増えていきます。評判が上がると大口の仕事も舞い込んでくるようになり、年収も安定して数千万円を出せるようになりました。

「どの商売も一緒だと思いますけど、儲けが出る前にくじけてしまう人が多いんです」

これまで1～2年周期で転職を繰り返し、失敗してきた小澤さんでしたが、探偵の仕事は何十年と続け、事務所を大きくして成功を収めています。

探偵の仕事の醍醐味である「非日常感」とは?

探偵の仕事内容をカテゴライズすると主に浮気調査、行方調査、盗聴器発見、ストーカー調査、結婚調査に分かれます。そのうち、浮気調査が7割くらいで、行方調査が1～2割、あとはごくわずか。圧倒的に浮気調査が多いのです。

「今まで味わったことのないような非日常感があるから、仕事は最初から楽しかったです。例えば、浮気調査だといろんな温泉地に行ける。不倫カップルを尾けていくと、だいたいは温泉に行きます。後を尾けながら『いい宿に泊まれ』って念じるんです。経費で同じ宿に泊まれますから。たいていのカップルは、温泉宿に入るともう朝まで外には出ない。だから、こちらもけっこうフリーな時間があるんですよ。あとはうまい飯食って、飲んで……。そういうのも楽しかったですね」

非日常感という言葉から、尾行や調査におけるスリルが仕事の醍醐味なのかと勝手に考えていましたが、そうではないようです。小澤さんは「スリルには慣れて、半年くらいでなくなっちゃいました。慣れると、今度は失敗しやすい。尾行対象を見失うなど、僕も当時はよく失敗しました」と笑います。

また、ドラマや小説などの影響か、探偵業は危険なのではと思ってしまうのですが、これも想像に反して、安全なのだとか。

「そもそも、浮気や行方調査で危険な現場って、そんなにはないです。基本的には見つからないようにしているわけですから、見つかってしまう時点で探偵としては失格です。だから、ちゃんと仕事ができる探偵って安全なんですよ。体力と集中力は必要ですが」

変わった依頼から社員の大金持ち逃げまで波瀾万丈

これまでにあった変わった依頼や印象深かった現場について聞いてみました。

「印象深かったのは、あるお客さんの依頼でホスト15人を尾行したことですね」

初めは、交際しているホストの浮気調査としての依頼でした。そのホストを尾行すると、依頼主以外の女性とアフターに行って、その後ラブホテルへ入って行ったので、その通り報告。これで終わりと思っていたら、別のホストの浮気調査もしてほしいというのです。それが終わると、また次……という流れで、結局15人のホストを調査しました。当初10 0万円の依頼がどんどん膨れ上がっていき、最終的には3000万円近くの仕事になったそうです。

「エアコンの中に誰かいて監視されているから、エアコンを調査してほしいという依頼もありました」

そんなわけはないと思っても、「ああ、そうですか。ばらしてみますね」と対応します。エアコンを分解して「今日はいないようです」と調書を渡すと、依頼主も安心し、「そうですか、ありがとうございました」という具合。このときは、調査費用5万円を頂戴して終了しました。もちろん、エアコン業者ではないので、組み立てはできません。本当にバラバラにするだけ。当初はこのような不思議な依頼に戸惑いを感じたものの、現在は慣れたといいます。

このように探偵は刺激に満ちた面白そうな仕事ではあるものの、お金が儲かる仕事だけにネガティブな面もあります。小澤さんが挙げたのは、従業員からの裏切りでした。クライアントの情報を持って他のライバル会社に転職されたこともあれば、1500万円もの売り上げを持ち逃げされたこともありました。

「国税庁から1500万円の税金滞納があると突っ込まれたことがきっかけで気付きました。税金は持って逃げたやつから取ってくれと言いましたけどね」

淡々と話す小澤さんに、日々、人々の陰の部分に接してきた探偵独特の思考回路を感じました。

「刑事事件にしても、会社の名前がニュースなどに出るとイメージが悪くなるだけですからね。目くじら立てて逃げたものを探そうとも思わないので、国税に任せておけば、なんとか探してくれるかもしれないなあ、と」

探偵事務所だけでなく心理学をベースに多角的経営を

お金を儲けたいという気持ちから、職を転々として、探偵で成功した小澤さんですが、「探偵でこれ以上稼ぐのは、もう限界だと思っています」ときっぱりと話します。

探偵事務所の運営には、固定費、特に宣伝費が多くかかります。小澤さんの事務所は中堅どころですが、それでも月300万~500万円ほどを広告費に充てているそうです。大手だと、広告費が月3000万~1億円くらいかかることもざらなのだとか。例えば、浮気調査のウェブ広告では、ワンクリック4万円です。

それに加えて、車両代など設備投資にも費用がかかります。基本的に車での尾行が多いため、1年で10万キロ以上は乗ります。新車を買っても1年で故障してしまうので、安い中古車を買い、頻繁に買い換えます。

これらの投資を売上から控除すると、今以上の利益を達成することは難しいそうです。

そのため、現在、小澤さんは別の事業も手がけています。学生の頃から興味を持っていた心理学の学校を運営し、さらには芸能プロダクションも立ち上げました。探偵に心理学に芸能プロダクション……となると、共通項が見出しにくいのですが、小澤さんにとっては、人のこころを深く考えたりサポートしたりする〝心理学〟で共通しているのだそうです。

結局のところ、興味を持ったことに挑戦しなければすまない性格なのかもしれません。そんな小澤さんに投げかけた「仕事とはなんですか」という質問に対する答えが、キャリア軸へとつながります。

「究極の趣味、ですね。仕事があるから、おかげさまで毎日退屈せずに過ごすことができているのだから」

仕事とは趣味であるという軸があるからこそ、状況の変化や刺激に対して動じず、世間一般の価値観など気にせず、モチベーションを高く持って仕事に取り組むことができる。〝趣味〟という言葉が意味するものは、人生に欠かせない楽しみということだと思います。

第3章

旅のふりかえり

——自分らしい仕事を見つけるために大切なこと

自分らしく働くために知っておくべき5つのこと

旅の誌上体験、いかがでしたでしょうか。

独自のキャリア軸とキャパ幅を持つ11人のホストたち。共感する人もいれば、「こんなことは到底できない」「自分とは違う」と感じる人もいたかもしれません。

それでいいと思います。

「仕事旅行式」の学びでは、人の仕事観やキャリア意識を聞くことで、自分の「〇〇したい」というキャリア軸と「〇〇ができる」「〇〇はできない」というキャパ幅に気付き、自分らしく働くための土台（ＯＳ）を整えることが重要なのです。

最後に、本書のふりかえりとして、〈仕事迷子〉のみなさんが自分らしく働くための一歩を踏み出すときに知っておいてほしいことを、５つにまとめました。

---

1. やりたい気持ちを優先する
2. 小さく始めて小さく育てる
3. 無計画で始めてもいい

4. 共感から協力者が現れる
5.「自分探し」をあきらめない

旅の誌上体験や僕自身の体験を踏まえながら、みなさんと一緒に考えを深めていきたいと思います。

1. やりたい気持ちを優先する

自分らしく働いている人、自分でキャリアをつくっている人たちと接していると、必ず共通しているのは、何よりも「やりたい」という気持ちを大切にしていることです。まったくお金にならないのが分かっていながらも、「なんとなく面白そうだから」という理由だけで動いている人が実はたくさんいます。

会社員でも経営者でもフリーランスでも、「仕事」となると、待遇がよいことや利益が出ること、効率的にものごとが進むことを優先して、時にはやりたくない仕事も引き受けざるをえないもの。ところが、本書に登場したホストにもいたように、自分らしく働いている人には「やりたくないことはやらない」ときっぱり言い切る人も少なくありません。

僕も彼らと仕事をするときは、仕事旅行の内容やメリット、デメリットなどの経済的な話をする前に、「なんだか面白そうだからやってみましょう！」というノリで、話が進んでいくことに驚いてしまいます。

起業や転職でも、会社での新規サービスの立ち上げでも、失敗するかもしれない理由などいくつも見つかるし、実際に始めてみたら壁にぶつかることもあります。そのときに、この「やりたい」という気持ちが強くなければ挫折してしまいます。自ら動いている人だからこそ、そのことを実感しているのでしょう。

僕が仕事旅行社を立ち上げたときもそうでした。仕事旅行のアイデアを思いついて、口頭で説明したり、事業計画書などの資料をつくって周囲に意見を求めたのですが、親しい同僚たちから「なんで人の仕事をやってお金を払うのか」「参加する人のイメージが湧かない」「事業としてマネタイズできるイメージがまったく持てない」など、次々とダメ出しを受けました。中には、絶対失敗すると断言する人までいました。否定を繰り返されるうちに自信を失っていきましたが、それでも僕はあきらめられませんでした。

その後、カルチャースクールとも言える自由大学の連続5回のセミナー「未来の仕事」という授業に通い始め、そこで僕は自分のやりたいこととして、「仕事旅行」の草案を発表しました。

すると、予想外に返って来たのは「面白い」「ぜひ事業化してほしい」「やるなら手伝いたい」など、同僚たちとは真逆の反応だったのです。現在、仕事旅行社の取締役である内田靖之（当時は建築系の会社に勤めていました）が強い関心を持ってくれて、ワードでつくった文章だけの簡単な企画書を、パワーポイントで紙芝居のようなストーリー仕立てにつくり直してくれました。２人で仕事明けに定期的にミーティングをするようになると、事業構想がどんどん進んでいったのです。

どんなことをどれだけやりたいかは、キャリア軸にもつながるものです。自信を失ったときでも負けないような「やりたい」という気持ちの強さがあれば、つまりキャリア軸がしっかりしていれば、どんな困難な状況も切り抜けることができます。それはすべての原動力となります。

2.小さく始めて小さく育てる

自分の「やりたい」という気持ちを優先して仕事をするには、ちょっとしたコツがあります。それは、最初から大風呂敷を広げて、大きくやろうとしないことです。高い目標を掲げるのも大切ですが、「失敗したくない」「痛手を負いたくない」と挑戦する前に二の足を踏んでしまうこともあるでしょう。

やりたいことはお金儲けに直結しないかもしれないし、利益を生み出すまでに時間がかかることもあります。ですから、資金や人材を集めて大規模なビジネスを考えるよりも、「小さく始めて小さく育てる」ことが大事です。規模が小さければ多少の失敗はリカバリーできるし、方向転換も自由。何よりも、無理をしないので継続できます。

仕事旅行の事業構想を進めた僕たちが、事業化に向けて、まず取り組んだのは商品、つまり旅行先となる職場の開拓でした。第1章でも述べた通り、友人知人を中心にわずか3カ所の旅先からスタートしました。

次に考えたのは、商品の販売方法でした。2011年当時は個人の商品販売をサポートするマッチングサービスはほとんど見当たりませんでした。販売用にホームページを作成する必要がありましたが、見積りが数百万もするウェブ制作会社にはとても頼めません。そこで、僕の中学の同級生でフリーランスのシステムエンジニアの早川真吾に出世払いという約束でつくってもらいました（早川は、現在は仕事旅行社に参画してくれています）。

その後、ロゴ作成、名刺、法人登記、シェアオフィス利用など必要経費は発生したものの、全体で30万円ぐらいの出費で「仕事旅行社」は立ち上がったのです。

これは、本書でも紹介した「ウナギトラベル」や「キッチハイク」、花屋「エルスール」など、起業している人たちのほとんどに共通しています。逆にスタート時に何百万円もかけたという人はいない、と言っていいでしょう。起業時に活用できるサービスは、仕事旅行社の創業時である2011年より発展していますから、今ならもっとお金も手間もかからなくなっていると思います。

小さく始めた仕事旅行社ですが、体験先がようやく30カ所程度になった頃、突然会社のメールアドレスに大手新聞社から取材の依頼が届きました。仕事旅行というサービスに興味を持ってくれたようでした。事業としてまわっているというにはほど遠く、申込みはぽつぽつと入っている程度でしたが、それでもよければということで取材を引き受けました。

翌朝、新聞紙には仕事旅行社の記事が掲載されました。それまでは新聞に取り上げられることなど、どこか別の世界の話だと思っていましたが、その日からメディアが急に身近な存在になりました。その後も、記事を見たという別のメディアから新たな取材依頼が舞い込んできます。幸運なことに、新聞、テレビ、ネットメディア、雑誌と、取材の連鎖が始まりました。

ただし、テレビに取り上げられたら凄い反響があるかと思いきや、爆発的にお客さんが増えるということはありませんでした。社会現象のひとつとしては興味を持たれたのでしょうが、単に「特殊なサービス」と受け取られたのかもしれません。日の出湯4代目の田村さんのお話にもありましたが、メディアとは、事業やそれをとりまく業界を活性化させる機会を与えてくれるものとして、長い目で見て付き合うのがいいのではないかと思います。自分が本当にやりたいことをしているのであれば、「小さく始めて小さく育てる」で大丈夫です。突然大きく育つという、幸運からの一発逆転を狙う必要はないのです。

3. 無計画で始めてもいい

こうして仕事旅行の立ち上げの理由やその経緯の話をすると、一番驚かれるのは、立ち上げ当初は明確なビジネスモデルが存在しなかったということです。

僕と内田は仕事旅行への参加料をメインの収益源と考えていましたが、ビジネスに詳しい人から見ると、個人から少額を集めるビジネスモデルで事業を大きくするのは難しいことは明白でした。

しかも、立ち上がったといっても3カ月間、申込みはゼロ。ホームページを訪れる人も、1日20人程度。知り合いが興味本位で覗きに来ているという状況で、収益が立つ目途はありませんでした。それでも行動を続けることが重要だと考え、ひたすら体験先を開拓し続けていました。「ウナギトラベル」の東さんが起業時にSNSにウナギのぬいぐるみの世界観が伝わる投稿を毎日していたというエピソードには、僕自身を重ねてしまいます。

無計画ぶりに呆れられるかもしれませんが、小規模で始めたため、経費も人件費以外は特に発生するものはなく、売上がなくともあまり困らなかったのです。僕はアルバイトで生活費を稼ぎつつ、内田は前職に勤めたままだったので、それほど生活を心配することなく体験数を増やしていきました。この頃は、確約はまったくないものの、新しいことに挑戦することで得られる手ごたえがとにかく楽しかったです。

幸いなことに、その後はクチコミやメディア露出などで、少しずつ参加者が増えていきました。また同時に、僕たちがまったく予期していなかった「仕事旅行」への様々なニーズが後から生まれてきました。

その代表例は法人向けのサービスです。働き方改革の流れを受けて、企業が新人育成、リーダー育成、キャリア開発支援などの人事研修や短期の「越境学習」として、仕事旅行を導入するケースが増えてきました。数十~数百人単位での申込みとなりますが、全員が同じ仕事旅行に参加するわけではなく、それぞれ数人のグループに分かれていろんな職場を体験します。

例えばつい最近では、ある企業の福利厚生の一環として、仕事旅行に参加できるプランを導入していただきました。長年ひとつの仕事をしていると、どうしてもマンネリ化して視野が狭くなってしまいます。仕事旅行を通じて他の仕事や仕事観に触れることで、視野が広がるのではないかと考えてくださったようです。申し込んだ社員がマンネリを感じていたかは定かではないのですが、社員の挙手制で募集したところ、告知を始めてわずか十数分で100枠が完売しました。

参加した社員からは「(新しい仕事のやり方に触れることで)仕事に対するモチベーションを取り戻せた」「(他の仕事と比較することにより)自分の仕事を客観視できるようになり、現在の仕事への関心が高まった」「体験先での仕事の進め方から、新たなアイデアが浮かんだ」といった声をいただきました。

単にスキルアップが目的であれば、仕事旅行社以外にもセミナーや研修を行う会社はいくらでもあります。あえて仕事旅行社を選んでくれるのは、他の仕事や職場での体験を通じて、本質的な仕事の意味を考えてほしいという企業が増えているからだろうと思います。

また、意外なことに、地方自治体からの仕事旅行先(ホスト)への立候補もありました。移住者獲得のために、仕事という観点から興味を持つ人々を増やしたいということでした。最近では富山県や和歌山県、それ以外にも多くの市区町村より委託を受けて、地域の特色のある仕事体験をまとめてつくっています。自治体としては、仕事旅行を通して、地域で働くイメージを持ってもらえるというメリットがあります。

こんなふうに、風呂敷を広げてみた結果、後付けでビジネスが生まれていきました。これまではとにかく走りながら形にしていったし、今後も同じように、走りながら事業を展開していくと思います。

自分のキャリアをつくり上げてきた人たちを見ると、もともと自分の価値観を持っていて、明確なゴールに向かってまっしぐらに走ってきたように見えるかもしれません。でも、そんなケースは稀だと思います。彼らの多くは、とりあえず目の前の「やりたい」気持ちに素直に従って行動を起こしています。行動といっても千差万別。会社員の磯村さんのようにとりあえず開業してみた人もいれば、まずはボランティアから始めた人、思い切った転職をしたり、起業という選択肢をとった人もいます。

行動する中で、キャリア軸を変えずに仕事の仕方を変えた人もいます。旅館女将の深澤さんやコミュニティデザイナーの黒田さんのように、方針や業態の変化を思い立ったら躊躇せずにまずやってみる。それを繰り返すことで自分らしいゴールに近づいていったのです。重要なのは、軌道修正する過程で自分の課題を認識し、キャパ幅を広げる努力を忘れないことだと思います。

4．共感から協力者が現れる

仕事旅行のサービスがメディアに取り上げられるようになると、仕事旅行に共感したという仲間が増え始めました。証券会社に勤める人、大手メーカーで管理職として働く人、ライターとして活躍している人など、様々な分野の非常に優秀な面々が、ほぼボランティアで手伝ってくれるようになりました。

仕事旅行社を立ち上げてから現在までを振り返ってみると、サポートしてくれたメンバーがたくさんいます。

あるメンバーは、企業への投資評価などをする証券会社に勤務し、主に企画書の改善をサポートしてくれました。起業経験ゼロ、ビジネスモデルすら曖昧な仕事旅行社を、ビジネスモデルの検討から外に話してもおかしくないようなレベルまでブラッシュアップする手伝いをしてくれたのです。毎週のように彼の会社に通いつめ、企画書のダメ出しをもらいながら形にしていきました。おかげで投資家に説明できるくらいの事業モデルと企画書が出来上がりました。

とあるメーカーの人事部にいたという経験から複数の会社の人事に働きかけ、仕事旅行を研修として使うように提案してくれたメンバーもいました。

別のメンバーは大手広告代理店との仲介をしてくれて、様々なキャンペーンとして利用してもらえるよう働きかけてくれました。

社員研修として仕事旅行社を利用してくれていた園部牧場の園部浩司さんは、仕事旅行のコンセプトに共感してくれて、ファシリテーションやプレゼンテーションなどの仕事体験のホストになってくれました。

某有名雑誌の元編集長は、ゼロの状態から仕事旅行社の記事配信体制をつくり上げ、「シゴトゴト」というひとつのサービスを立ち上げるほど力を注いでくれています。

おかげで、僕の個人的な想いだけで小さく始めた事業とも言えないようなものが、徐々に事業として形になり、大手法人とのコラボレーションが生まれ、出資してくれる企業まで現れるようになったのです。

手間を惜しむことなくサポートしてくれたメンバーに改めて仕事旅行社を手伝う理由を尋ねてみると、返ってきた答えは大きく3つありました。

ひとつは、なんだか面白そうなサービスだから絡んでみようと思ったということ。

ふたつめは、僕があまりにも無計画で、無謀で、頼りなく、勢いだけで突っ走っているので助けてあげようという気持ちになったということ。

最後に、仕事旅行のようなサービスは世の中にあるべきだ、という社会的ニーズを感じたということでした。

ボランティアという形で手伝ってくれ、今はもう離れてしまったメンバーもいますが、いまだに仕事旅行社をサポートしてくれている方々もたくさんいます（現在はちゃんと報酬をお支払いできるようになりました）。そしてそのひとりひとりが、個人事業主やフリーランスとしてでも食べていけるほどのスキルを持っている人たちです。

そうした経験から、僕は高いスキルを持った人ほど社会的ニーズに敏感であり、大義を大切にし、社会貢献に前向きである印象を持っています。利益や待遇だけで納得せずに、会社員として、仲間として「できること」で社会に役立つ仕事をする。今後はそうした考え方もスタンダードになっていくでしょう。

協力者を呼び込むとなると、自分にはそんな人間力も人脈もないと尻込みする人もいるかもしれません。けれど、僕たちはもちろん、どの事業も最初から協力者がいたわけではないのです。むしろ、計画も人脈もお金もなかった。それでも「やりたい」という気持ちで行動を起こし続けることで、まわりに伝わり、共感を生んでいくのだと思います。

5.「自分探し」をあきらめない

僕は仕事旅行というサービスをつくりたいという想いだけで最終的には起業できましたが、当時の自分の必死さや周囲の反応を振り返ると、あれはなんだったのかなと思うことがあります。

やりたいことをやりたい。儲かる、儲からない。事業としてうまくいく、いかない。そんなことは、はっきり言ってどうでもよかった。仕事旅行の立ち上げは、事業を通じて自分らしい仕事をしたいという「自己表現」だったのだと思います。

僕は、「キャリア軸」と「キャパ幅」という仕事旅行式の学びの考え方をもとに、一貫して「自分らしく働く」ことを提案してきましたが、「自分らしさ」という話をすると、必ず一部からは批判的な声があがります。社会人が自分の好きなことをやっていると、「〇歳になっても、自分探しか」と揶揄するような人と会ったり、利益優先でビジネスを行わないと「ビジネスパーソン失格」の烙印を押してくる人もいたりします。

そんな人たちの話は聞き流せばいいのです。そういう風潮が〈仕事迷子〉――やりたい仕事や自分に合った働き方が分からない人たち、好きなことが分かっていても仕事にしようと追求しない人たちをたくさん生み出してしまったのだから。

これから未来に生きる僕たちは、「自分探し」を馬鹿にしてはいけない。現実に、自分探しから始まった仕事で、ビジネスや社会改革を実現させる人たちがどんどん生まれているのです。

「やりたい」という気持ちから始めた人。仕事が「自己表現」となっている人。彼らはけっしてよりよい仕事をすることも、幸せになることもあきらめないでしょう。だから、みんながやりたい仕事をやって、自分らしく働くことが、よりよい社会をつくっていく早道だと僕は思うのです。

おわりに――働き方が変わる時代に仕事旅行社が提案できること

本書では、僕が立ち上げた仕事旅行社と、11人のホストへの旅の誌上体験をもとに、仕事や働き方について考えてきました。

長々と付き合ってくださったみなさん、ありがとうございます。

これから、働き方はまだまだ変わっていくでしょう。特に人工知能の台頭が僕らの仕事に与えるインパクトは大きいと思います。レイ・カーツワイル博士によると、２０４５年までには人間と人工知能の能力が逆転する状況に陥るといいます。そんな状態になれば、人間の仕事の多くは人工知能によって置き換えられるはずです。何をもって能力が逆転したとするかは諸説あるようですが、すでに僕のまわりでも、とあるポジションを人工知能に置き換えたという話を聞きます。

中でも、塾の講師を人工知能にしたというのは衝撃的でした。と言っても、ロボットが先生になったということではなく、全生徒に配布されたタブレットに人工知能が入っているというものです。タブレット上で様々な設問が提示され、それに生徒が答えていくのですが、生徒が間違えると、その間違えた理由を人工知能が分析します。そして、そのつまずきを乗り越えるための問題が出題される、というわけです。そこでは、人工知能にできない「褒めること」が、先生の主な役割になります。

僕らも営業を行う際に、営業先の選定を人工知能に任せています。これまで営業で上手くいった顧客候補の絞り込みなどが、ボタンひとつでできてしまうのです。

今後、人工知能がどこまで人間に追いつき、超えていけるのか、正直、僕には分かりません。ただ、少なからぬ仕事が人工知能に置き換えられていくのは明白です。人間が働かなくてよい時代がもうすぐ来るとさえ言う人もいます。

僕はこんな未来を想像しています。

もしかしたら仕事すべてを人工知能がこなし、僕らは働かなくてもいい時代がくるかもしれない。それでも僕らは仕事をするんだ、と。

なぜなら、人間が働く理由は、仕事が自己実現の手段のひとつだからです。どれだけ合理的な仕事を人工知能が代替したとしても、人間が仕事に求める内容は変わりません。これまでは経済という合理性が重視されてきたけれど、いつの時代も非合理性（自己実現）を求めることは普遍です。近い将来における僕らの仕事の在り方はそこにあるのです。そのために必要なのが「仕事旅行式」の学びだと確信しています。

仕事旅行は、これからもたくさんの職業体験と学びを提供し、たくさんの人のキャリア軸を紹介していきます。〈仕事迷子〉のみなさんには、自分のキャリア軸とキャパ幅をマッチさせて、自分らしい仕事や働き方を見つけていただきたいと思っています。仕事旅行社と本書が起業や独立、転職を考えている人だけでなく、仕事を通じて人生を豊かに楽しく生きたいと思っている方すべてに役立てば幸いです。

だから、最後にもう一度言わせてください。

見知らぬ仕事を見に行こう。

そして、自分の〈働くコンパス〉を見つけよう。

２０２０年１月　田中翼

※2019年12月現在募集中の旅行先から抜粋。
募集情報は随時更新されますので、仕事旅行社ホームページでご確認ください。
https://www.shigoto-ryokou.com/

体験名	開催地
本の選び方、ススメ方にはコツがある。ブックセレクターの考え方を体験する	東京都
旅行家と歩き、語り合う。旅、生き方、仕事について	東京都
カードを使って自分に気づくワークショップ。そして働くをゆるく語り合う	東京都
パスケース作りで体感する、革小物職人の哲学	東京都
コンセプトとアイデアが命。企業のキャラを創る「ブランディング」に挑戦	山梨県
テキスタイルから本、雑貨まで。ジャンルフリーなデザイナーの仕事場を訪問	京都府
テキスタイルの絵柄をデザイン。図案家が考える永く愛されるためのものづくり	東京都
"あなたらしさ"のファシリテーション。自分らしい働き方を見つける	神奈川県
毎日が祭り？　掃除が命？　1日見習神主になって神道の基本を修める	東京都
相互コーチングで「ありたい姿」を見つけ出す	東京都
日本語教師になると「もうひとつの日本」が見えて来る。世界の学生たちに「ユーは何しに?」を聞いてみよう	東京都
花屋一筋25年。西荻窪のエルスールで見つけるお店のストーリーテリング	東京都
見たことない仕事、見に行こう。働きかたの多様性に触れ、自分らしい働き方のヒントを得る。	東京都
旅の思い出を本にしよう。手製本は人と書物を豊かにつなぐ	愛知県
本物の香りを求めて。天然素材を用いた香水作りにチャレンジ	東京都
奥多摩の自然をガイド目線で満喫。森の演出家とともに歩こう	東京都
探偵になって尾行を疑似体験。生活に追われる毎日に追う1日を	京都府
今も変わらぬ手織り仕事。古き良き西陣織の世界へ	東京都
売り場面積、わずか一坪の小さなお菓子屋さん。クッキーを焼きながら開業秘話を聞いてみよう	東京都
現役女子アナが徹底コーチ。想いが伝わる声づくり	神奈川県
【お一人限定旅】フィンランドに恋したカフェオーナーに学ぶ、小さなお店のつくり方。北欧のまかないもあるよ	埼玉県
鍛冶屋さんとフライパンを作る。プレゼントに自分使いに（ペア参加も可）	東京都
塗ることで感性と腕を磨く。選ばれ続ける職人の技にふれる	東京都
作詞からレビュー執筆、PR。「書く」ことに関わって暮らすには	千葉県
ゼロから立ち上げたまちの図書館で、本に囲まれた仕事を始めよう	神奈川県
脱サラして雑貨屋に。お店をはじめる第一歩はここから	京都府
陶芸家とたどる京焼きができるまで。作る過程を知れば見方も変わる	東京都
社会貢献を仕事にした現場を覗き見。社会をよくするお金の回し方とは？	東京都
建築現場から学ぶ個性を活かした仕事術。女性の感性の活かし方。	東京都

〈働くコンパス〉を手に入れる。――仕事旅行一覧

ホスト名	職種名
ブックピックオーケストラ	ブックセレクター
藤原かんいち	旅行家
東西株式会社	向いてる仕事がわかる人
AJINA	革小物職人
株式会社パラドックス	ブランディングディレクター
アニャン (anyan)	テキスタイルデザイナー
GARAGELAND	図案家
株式会社 Co-leaders	アシュラワーカー
稲毛神社	神主
株式会社 Co-leaders	コーチ
KCP 地球市民日本語学校	日本語教師
エルスール	花屋
株式会社仕事旅行社	仕事旅行社のプランナー
空想製本屋	製本家
株式会社アトリエパルファン・香りのアトリエ	調香師
森の演出家	ネイチャーガイド
日本調査業適正協議会(JDAD)	探偵
渡文株式会社	西陣織職人
ボンボン・シエル	小さなお菓子屋
樋田かおり	アナウンサー
poro 珈琲	カフェオーナー
Metal NEKO	鍛冶屋
ニシザキ工芸株式会社	家具塗装のプロ
伊藤緑	作詞家
星空の小さな図書館	小さな民間図書館の館長
海福雑貨	雑貨屋
洸春窯	陶芸家
シン・ファンドレイジングパートナーズ	ファンドレイザー
原田左官工業所	左官職人

体験名	開催地
アロマテラピーでチェックする心の健康度。香りは人を元気にする	東京都
体温を上げれば、身体が元気になる。施術歴16年のセラピストから学ぶ、アナタの身体の体温管理法	東京都
一人一つの会社だと誰が決めた！　マルチワークから考える自分らしい生き方入門！	東京都
見ているだけで癒される。水草レイアウトは一度やったらクセになる?	東京都
キャリア面談者数のべ1万人。人情派カウンセラーと考える自分の強みの見つけ方。人に寄り添う仕事の醍醐味とは?	東京都
OLから陶芸家に転身。作家と一緒に土に向き合うことで、これからの「自分の形」も見えてくる	神奈川県
英語ができるだけじゃダメ。映像翻訳会社での1日業務体験を通じて日本語の奥深さにも気づく	東京都
イルカは人を見抜く?　トレーナー体験を楽しみながら心の通わせ方を知る	静岡県
開業7年目の雑貨店が、生まれてから終わるまでのストーリー。	東京都
建築家と一緒に頭と手を動かす。ワクワクする“場・モノ・コト”作りとは?	東京都
世界各国の珍しい野菜を年に150種栽培。元エンジニアがこだわる、おいしく、おもしろい野菜づくりとは?	千葉県
神秘的な美しさ。京都伏見の老舗で和ローソクの虜に	京都府
アクティブ派住職は語る。お坊さんの仕事は耳を傾け人に寄り添うこと。	東京都
声や音を使わず働いてみると気づきがある。手話カフェで「伝わる」ことの難しさとよろこびを知る	東京都
クラフト作家のアトリエ訪問。「コラージュ」で心のリハビリを	東京都
楽しくしつけるがモットーの犬の保育園。人も笑顔になれる“ワン”ポイントとは?	東京都
先生は馬。いま話題のホースセラピーで体感するもうひとつの馬力	兵庫県
一に行動、二に行動！　地域を“輪に”する琵琶湖畔のカフェで見つける	滋賀県
女流金工作家のアトリエへ。ものづくり女子におすすめする本格旅	富山県
相手の良さを引き出して元気にしたい！　イメージコンサルタントの仕事の裏側までお見せします	東京都
美味しく、そして美しく。至高のハーブブレンドは心と体を癒す	東京都
楽器職人の町クレモナで学んだ、イメージを具現化するまでの木との対話	神奈川県
決して「ゆるく」ない、ご当地キャラプロデュースの内幕と本音を知る	東京都
プロ仲人に学ぶ究極のマッチング。「価値観の違い」に着目する凄腕カウンセリング	東京都
「宿泊できる雑誌」って何?　呼吸するように企画を立てる編集者に密着！	京都府
じゅわ〜っと起業した“油姫”が搾る命のオイル。好きを仕事にして日々をなめらかに。	岡山県
日本髪を現代に！　不器用でも艶やかになれる先人の知恵を学ぶ。	東京都
あのMoMAも認めたルアー職人。ジャパン・ハンドメイドの極みがここに	富山県
ただの工芸品じゃない！　こまは世界とつながるアートなツール	長崎県
みそづくりは、麹づくり。手間暇かけた伝統食づくりを通して「食」について考える3日間。	千葉県
犬ぞり?馬車BAR?それってホテルの仕事なの?街とのコラボで北海道十勝の魅力を発信し、地域内外の人々を結びつける	北海道
“おみこし”を危機から救え！　神輿職人と祭り文化を未来につなぐ挑戦	茨城県
「命を活かす」ジビエ革職人に学ぶ、社会を変えるものづくり	東京都

ホスト名	職種名
ビィメロウ	サイコアロマテラピスト
冷え性改善サロン エミリオン	スパイスセラピスト
中村龍太	複業家
SENSUOUS	水草屋
colorful-career coaching 灯(AKARI)	キャリアカウンセラー
大槻智子	陶芸作家
株式会社 ワイズ・インフィニティ	映像翻訳家
ドルフィンファンタジー	イルカトレーナー
223 雑貨店	雑貨店店員
一級建築士事務所あとりえ	建築家
キレド	農家
有限会社中村ローソク	和ローソク職人
妙勝寺	住職
Sign with Me	手話&筆談カフェ店員
井上陽子	クラフト作家
SkyWan! Dog School	犬の保育園の先生
フルーツフラワーパーク ホースランド 里馬	ホースセラピスト
高島ワニカフェ	カフェオーナー
青木有理子	金工作家
グローバルスタイル	イメージコンサルタント
ビィメロウ	ハーブブレンダー
Canto di Legno	ヴァイオリン職人
犬山デザイン	ご当地キャラプロデューサー
株式会社ベストパートナーマリッジ	結婚相談所のカウンセラー
マガザンキョウト	空間の編集者
ablabo.	油屋
髪結い処 櫟(イチイ)	髪結い師
タップクラフト	ルアービルダー
佐世保独楽本舗	佐世保独楽職人
山野重	味噌づくりの達人
HOTEL NUPKA	まちのコンシェルジュ
明日襷	神輿職人
Six COUP DE FOUDRE	ジビエ革職人

著者について

田中 翼　たなか・つばさ

1979年生まれ、神奈川県出身。株式会社仕事旅行社代表取締役。
米国ミズーリ州立大学を卒業後、国際基督教大学へ編入。
卒業後、資産運用会社に勤務。
在職中に趣味で様々な業界への会社訪問を繰り返すうちに、その魅力の虜となる。
「働く」ということに対する気づきや刺激を多く得られる
職場訪問を他人にも勧めたいと考え、2011年に仕事旅行社を設立。
500か所以上の職場と仕事をする中で得た「仕事観」や「仕事の魅力」について、
大学や企業、地方自治体を対象に講演も多数実施。

働《はたら》くコンパスを手《て》に入《い》れる
──〈仕事旅行社〉式・職業体験のススメ

2020年1月25日　初版

著　者　　田中 翼
発行者　　株式会社晶文社
　　　　　東京都千代田区神田神保町1-11 〒101-0051
　　　　　電話　03-3518-4940(代表)・4942(編集)
　　　　　URL　http://www.shobunsha.co.jp
印刷・製本　株式会社太平印刷社

 ISBN978-4-7949-6992-7 Printed in Japan

自分の仕事をつくる　西村佳哲

「働き方が変われば社会も変わる」という確信のもと、魅力的な働き方をしている人びとの現場から、
その魅力の秘密を伝えるノンフィクション・エッセイ。働き方研究家として活動を続ける著者による、
新しいワークスタイルとライフスタイルの提案。

就職しないで生きるには　レイモンド・マンゴー　中山容訳

嘘にまみれて生きるのはイヤだ。納得できる仕事がしたい。自分の生きるリズムにあわせて働き、
本当に必要なものを売って暮らす。頭とからだは自力で生きぬくために使うのだ。失敗してもへこたれるな。
ゼロからはじめる知恵を満載した若者必携のテキスト。

小さくて強い農業をつくる　久松達央

エコに目覚めて一流企業を飛び出した「センスもガッツもない農家」が、
悪戦苦闘の末につかんだ「小さくて強い農業」。あたらしい有機農業の旗手として、
いま全国から注目を集める「久松農園」代表の著者が贈る、21世紀型農家の生き方指南。

旗を立てて生きる　イケダハヤト

お金のために働く先に明るい未来は感じられないけど、問題解決のために働くのは楽しい。

課題を見つけたら、ブログやツイッターを駆使して、自分で旗を立てろ！

デフレネイティブな世代から生まれた、働き方・生き方のシフト宣言！

NOと言えない若者がブラック企業に負けず働く方法　川村遼平

若者のための労働相談のNPO法人POSSEの事務局長として、数多くの事例とむきあってきた著者が、
ブラック企業の見分け方、トラブルに対する対処法、知っておくべき法的な知識、
周囲との連携のとり方など、具体的な処方箋をまとめる実践的マニュアル。

福山式仕事術　福山敦士

20代で数々の成功をおさめてきた著者が成功のノウハウを体系化した仕事術の決定版。
実践に裏付けされた成功メソッド63を大公開！　若手社員はもちろん、マネージャーや幹部クラスまで、
成長したいすべてのビジネスパーソン必読の１冊。

社畜上等！　常見陽平

多くの人にとって、会社は人生についてまわる。だとしたら、会社に使われるのではなくて、
自分のために会社を使いこなそう。もう一度会社を定義しなおし、自分自身を見直し、
自分の会社を査定する──。会社との距離を上手に測りながら、人生を楽しもう！